环境保护部环境与经济政策研究中心
中国人民财产保险股份有限公司　绿色

环境风险与保险
Environmental Risks and Insurance

保险在环境相关风险管理中作用的比较分析，保险中的政策问题
A COMPARATIVE ANALYSIS OF THE ROLE OF INSURANCE
IN THE MANAGEMENT OF ENVIRONMENT – RELATED RISKS，
POLICY ISSUES IN INSURANCE

经济合作与发展组织（OECD）

李萱　译

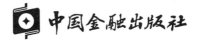

中国金融出版社

责任编辑：黄海清　责任校对：潘　洁　责任印制：丁淮宾

图书在版编目（CIP）数据

环境风险与保险（Huanjing Fengxian yu Baoxian）/经济合作
与发展组织；李萱译．—北京：中国金融出版社，2016.9
ISBN 978 - 7 - 5049 - 8417 - 3

Ⅰ.①环…　Ⅱ.①经…②李…　Ⅲ.①环境质量—风险分析
②环境污染—责任保险　Ⅳ.①X820.4②F840.69

中国版本图书馆 CIP 数据核字（2013）第 043273 号

出版
发行　　中国金融出版社
社址　北京市丰台区益泽路 2 号
市场开发部　（010）63266347，63805472，63439533（传真）
网 上 书 店　http://www. chinafph. com
　　　　　　（010）63286832，63365686（传真）
读者服务部　（010）66070833，62568380
邮编　100071
经销　新华书店
印刷　北京市松源印刷有限公司
尺寸　148 毫米 ×210 毫米
印张　3.625
字数　85 千
版次　2016 年 9 月第 1 版
印次　2016 年 9 月第 1 次印刷
定价　20.00 元
ISBN 978 - 7 - 5049 - 8417 - 3/F. 7977
如出现印装错误本社负责调换　联系电话（010）63263947

感谢中欧环境治理项目对本书出版的大力支持

序　　一

　　环境污染责任保险制度以市场手段管理环境风险，为环境损害提供社会化的财务保障，是环境法治与市场经济完美结合的产物。从国际经验看，环境污染责任保险是一个内涵非常广泛的概念，在保险产品意义上，它包括了各种不同的保险产品。在不同的时期以及不同的司法环境下，环境污染责任保险制度的范围及运行机制差异很大。

　　在我国，环境污染责任保险制度的发生与发展有其独特的内在逻辑。2005年底，松花江特大水污染事故导致的损害赔偿纠纷，在程序上推动了中国环境污染责任保险机制的讨论和政策演进步伐。2007年，原国家环境保护总局与中国保险监督管理委员会联合印发《关于环境污染责任保险工作的指导意见》，环境污染责任保险试点正式启动。2013年，环境保护部与保监会又联合印发《关于开展环境污染强制责任保险试点工作的指导意见》，在涉重金属等高环境风险行业启动环境污染强制责任保险试点工作。2015年9月，中共中央、国务院印发了《生态文明体制改革总体方案》，提出在环境高风险领域建立环境污染强制责任保险制度。

　　环境污染强制责任保险制度是舶来品。在不同国家，环境污染强制责任保险制度的适用范围、保险产品等均不尽相同，总体而言，环境污染强制责任保险制度是运用市场化手段管理环境风险并为环境损害提供财务保障的机制。在我国，要构建适合于我国环境司法现状与环境风险实际情况的环境污染强制责任保险制度，既需要充分考虑我国现实情况，也需要认真研究环境污染责任保险制度的国际经验。所谓"橘生淮南则为橘，生于淮北则为枳，叶徒相似，其实味不同。所以然者何？水土异也。"

环境保护部环境与经济政策研究中心李萱博士长期承担环境污染责任保险制度的相关研究工作，其与中国人民财产保险股份有限公司共同组织开展的绿色保险译丛翻译工作填补了我国环境污染责任保险译著的空白，为当前正在开展的环境污染责任保险试点以及相关改革工作提供了国外经验的参考与借鉴。

希望本译丛的出版，能够与更多的政府部门、机构、学者共享研究成果，共同推动我国环境保护事业与环境污染责任保险事业的发展。

别涛
2016 年 8 月

序　二

　　"生态环境"保护是功在当代、利在千秋的事业。近年来，环境保护问题已经成为社会普遍关注的热点问题，事关人民的福祉和民族的未来。当前，我国的环境污染问题从先前的隐形污染逐渐向显性污染转变，雾霾、水体污染、土壤重金属超标等就时常发生在我们的身旁。环境治理是一项需要全社会共同参与的系统性工程，需要企业严格按照国家标准进行生产并积极承担主体责任，需要各级人民政府和环保主管部门的政策支持和严格监管，需要广大民众的真诚守护和监督，同时也需要银行、保险等金融机构运用经济手段引导企业加强环境风险管理和治理。

　　环境污染责任保险作为国家环境保护体系中的一项重要制度安排，是随着环境污染事故的频繁发生和公众环境权利意识的不断增强而逐渐发展起来的。环境污染责任保险在发达国家经过几十年的演变已经逐渐成型，业已形成了法律强制和商业机制相结合的发展模式，同时也促进了社会公众环境污染责任保险意识的形成。而目前我国的环境污染责任保险发展尚处于起步阶段，虽然经过十余年的推广，但是由于承保覆盖面还非常有限，环境污染责任保险在整体国家环境治理中发挥的作用尚不凸显。通过学习借鉴国际的先进经验，通过立法强制和市场运作的有效结合，环境污染责任保险势必将为我国的"绿水青山，碧海蓝天"发挥更加重要的作用。

　　环境保护部环境与经济政策研究中心与中国人民财产保险股份

有限公司共同组织开展的绿色保险译丛翻译工作，力图改变我国环境污染责任保险研究资料相对缺乏的局面，也可使政府主管部门和保险行业的从业者有机会了解到国外环境污染责任保险的发展历程，也为我国环境污染责任保险的政策制定和产品开发提供参考。希望本译丛的出版能够为我国环境污染责任保险的发展贡献一份微薄之力，促使环境污染责任保险成为环境污染治理体系中必不可少的一环。

中国人民财产保险股份有限公司

林智勇　总裁

2016 年 8 月

前　　言

从环境污染与土壤污染的日益加剧，到季节性与跨年度自然灾害的发生，人类活动与环境间不断交互作用所造成的风险多种多样，其后果往往是灾难性的。本研究致力于对保险公司与再保险公司、金融市场以及政府在环境风险（特别是环境污染风险与特殊的自然灾害风险）管理中的作用等问题进行深入比较分析。

本研究第 1 章介绍了环境相关风险可保性的一般性问题；第 2 章主要针对环境污染责任风险，重点讨论了在事实与法律上可能会影响风险可保性的可变因素。特别是，作者分析了 OECD 国家环境责任制度的主要发展趋势，同时也分析了一个有效的监管框架应当具备的特征。作者还描述了保险业为应对环境污染风险可保性问题设计的新产品与新技术，以及保险人在环境污染风险管理中的多种潜在作用。

本研究的第 3 章主要分析自然灾害风险管理，自然灾害风险是来自诸如飓风、洪水与地震等极端自然事件的发生概率。作者强调了保险人在解决极端风险保障问题上的作用，同时也强调，私营保险解决方案在其中具有局限性，因为对于承保极端风险而言，私营保险难以处理其庞大的经济后果，也难以进行风险集中。作者还概述了补充性的或替代性的风险管理方式，这些风险管理方式已经在不同的制度背景中得到了检验。同时，作者分析了政府与私营部门合作的关键作用以及资本市场中新型金融工具的发展（比如巨灾债券或气候衍生性金融产品），这些金融工具为应对自然灾害导致的巨大损失提供资金与经济保障。

本研究已经由博科尼大学（Bocconi University）的 Alberto Monti 教授进行了详细研究，并于 2003 年 8 月进行了更新。本书的观点由其作者独自承担责任，不代表保险委员会、秘书处与 OECD 成员国的观点。

目　　录

内 容 简 介

最近，人类活动与环境间的复杂关系已经成为公众关注的一个主要问题，这一复杂关系提出了存在于法律、政治与经济之间的关联性问题。

工业活动对自然资源与生物多样性的负面影响，再加上人们对可持续发展的需求，激发了一场争论，即如何通过适当的政策与技术来提高现有环境保护水平。反过来看，人们也越来越关注诸如飓风、台风、洪水、地震之类极端自然事件的影响，这些极端自然事件严重威胁人类的生命与财产，摧毁当地社区，并影响经济稳定性与整个国家的发展。

从环境污染事故与土壤污染事故发生率的增长，到季节性与跨年度自然灾害的发生，人类活动与环境之间持续相互影响，其所带来的风险是多种多样的，后果通常是灾难性的。因此，有效的风险管理计划务必内容详尽，以形成可行的反应行动策略为目标，包括政府、公共官员、国际组织、财政机构以及私人当事人在内的所有相关经济活动者都要提前采取积极行动，参与到风险管理活动中来。

在这一背景下，本报告聚焦保险公司与再保险公司在环境风险管理中的作用。基于已经提出的研究计划，本报告主要分析环境相关风险的两个不同类型：

1. 环境污染风险；
2. 自然灾害风险。

在本研究中：

1. 环境污染风险是指，对环境造成不利影响的，与导致人类健康问题、引起财产损害、污染自然资源以及影响生物多样性的工商业活动相关联的风险。从企业所有者与经营者立场看，在大多数OECD国家，上述这些工商业活动都被框定为一种要对其环境污染后果承担法律责任的风险。环境责任的范围和性质随时间变化而变化，随司法管辖区的不同也有所不同。目前，主要的环境责任类型是：

a）因污染导致第三方人身伤害、财产损害与经济损失而承担的责任；

b）采取预防与修复措施的费用，包括污染场地清理费用的责任；

c）生态修复责任，包括生物多样性减少以及其他自然资源损害（NRDs）的责任。

2. 自然灾害风险是指，与发生自然灾害相关联的风险，诸如地震、洪水、飓风以及其他极端环境状况，这些灾难性事件通常会引起大规模物质损害以及严重经济损失。

上述两类环境相关风险，都具有发生潜在巨灾性后果的特征。然而，即使它们具有某些相同特性，在保险人眼中仍具有结构性差异，因此，本研究将这两类风险区别对待。

在对保险与再保险机制的传统功能进行简要回顾（第1章）并介绍了影响风险可保性的若干一般性问题后，本研究第2章主要分析环境污染责任的风险，同时，关注到可能影响风险可保性的事实与法律上的可变因素。环境污染风险，实际上会受到基本的法律与监管框架的高度影响，因此，本研究识别OECD国家环境责任制度的主要进展趋势，并将此作为讨论保险行业在该领域作用的基础。

在这一视角上，本报告比较分析了一些OECD国家环境立法的主要进展，并对欧洲共同体层面上环境立法的最新进展进行评估，以此为基础，对环境责任制度的最重要特征作了理论上的讨论。

为此，本研究特别关注欧洲共同体委员会 2002 年 1 月 23 日提交的一个最新提案，即《欧洲议会与理事会关于预防和补救环境损害的环境责任指令》（COM（2002）17 final），这一提案旨在建立起一个预防和补救环境损害的框架，其预期效果主要是，增强环境保护标准的执行力，本着"污染者付费原则"[1]，提高预防的水平与效率。根据该提案（第 16 条），欧盟成员国应当鼓励如下行为：

- 运用，即企业经营者要运用适当的保险或财务担保的其他形式，为履行指令中规定的义务提供有效保障。

- 发展，即相关的经济与金融运营者要发展保险或其他财务担保工具与市场，包括发展金融服务业。

为了应对上述要求，保险业正在开发新型战略与新型技术，旨在处理由生态损害现象提出的特殊的可保性问题，并且，保险行业已经在国际水平作出了强有力的承诺。[2]

本研究概述了近期国际市场上出现的不同环境保险产品，提出现代生态保险可以服务于不同的目的：除了致力于解决无力履行判决（judgment proof）的（或破产）问题，实际上，它将会确保工业污染成本在事前内部化，同时能够作为一种监管替代机制（surrogate regulation mechanism）[3]发生作用，为提高预防和防范的水平提供适当激励。

为了更为清晰地说明保险行业在不久的将来被期待发挥的作用，本报告主要讨论监管、责任、资金与保险之间的相互作用与联系。

本研究的第 3 章继而分析保险在自然灾害风险管理中的作用，即由诸如飓风、洪水与地震之类极端自然事件的发生而带来的风险。

由于自然灾害事件带来的风险并非独立存在，并且其经济后果十分巨大，自然灾害风险对保险与再保险的传统功能提出了严峻挑战。第 3 章对若干非传统风险管理方案进行了讨论，这些风险管理方案已经在不同的制度背景中得到了验证。

在处理自然灾害风险时，大数法则并不适用，至少在初级市场水平上，大数法则是不适用的，因此风险累积就变得没有意义，保险天生具有的比较优势就丧失了。这一因素加上预期损失的规模，就一起解释了为什么在开发有效的自然灾害风险管理战略方面，政府与私营部间的合作是至关重要的。

由此，这一部分研究描述和分析了若干政府灾害体系以及其他制度安排的主要特征，这些制度安排旨在补充或替代传统的再保险，并且已经在世界范围得到了实践和检验。

另外，资本市场已经发展出新的金融工具，比如灾害债券（catastrophe bonds）、气候金融衍生品（weather derivatives）以及其他复杂的风险证券化机制，这些金融工具可以提供资金与经济保障，以对抗自然灾害引起的巨大损失，本研究在进行分析时一并考虑到了这些金融手段目前发挥的作用。

作为结论，本研究建议，在应对环境污染风险与自然灾害风险带来的复杂环境污染风险时，尽管私营保险还不能够被作为直接的、即用型的解决方案，但它无疑具有发挥决定性作用的潜力，因此，政府与政策制定者应当将私营保险作为其风险管理工具队列中的一个关键工具。

注　释

1. 欧共体第 174（2）条（前欧洲共同体条约第 130r 条）对污染者付费原则进行了表述，该原则在 1972 年 OECD 关于国际环境经济政策的指导原则中获得承认：

"a）成本分摊：污染者付费原则

……

②环境资源总体上是有限的，在生产与消费活动中使用

环境资源会导致其恶化。如果这一恶化成本不能充分纳入价格体系中，那么在国内市场与国际市场水平上，市场将不会反映出自然资源的稀缺性。公共措施应当减少污染，对资源进行更好地分配，以确保物品价格是基于环境资源的质或量，价格应当更为密切地反映资源稀缺性，要确保相关经济机构做出反应。

③在很多情况下，为了确保环境处于一个可接受的状态，将污染削减限制在某一水平上并不可行，从成本考虑削减污染甚至是不必要的。

④对污染预防与控制措施的成本进行分配，对合理利用稀缺自然资源进行鼓励，并避免国际贸易与投资中的自然资源破坏，在上述过程中使用的原则，就是所谓的污染者付费原则。这一原则意味着，污染者要承担实施上述措施的费用，这些措施由公共机构进行决策，以确保环境处于可接受状态。

⑤这一原则应当作为成员国的目标，但可能会有例外或特殊情况，尤其是在过渡期内，成员国并未对国际贸易与投资造成显著破坏的情况下。"

参见：RECOMMENDATION OF THE COUNCIL ON GUIDING PRINCIPLES CONCERNING INTERNATIONAL ECONOMIC ASPECTS OF ENVIRONMENTAL ASPECTS OF ENVIRONMENTAL POLICIES，26th May，1972，Council Document No. C（72）128. Paris：OECD. 又见：THE RIO DECLARATION ON ENVIRONMENT AND DEVELOPMENT of June 1992（Principle 16）.

2. 参见：联合国环境署——UNEP1995 年 11 月 23 日于日内瓦签署的保险业环境承诺宣言。

3. 参见：Abraham, K. S. （1998）, Environmental Liability and the Limits of Insurance, 88 Columbia L. Rev. 946ff.

4. 关于国际再保险市场，一些专业风险承保人认为，在足够广义的术语界定情况下，自然灾害风险可以在全球尺度上得到良好分散，因为自然灾害是彼此相关联的。参见：Swiss Reinsuuance Company （2002）, Natural Catastrophes and man – made disasters in 2001, Swiss Re SIGMA series 1/2002. Zurich, Swiss Reinsurance Company, 11。

5. Priest, G. L. （1996）, The Government, the Market, and the Problem of Catastrophic Loss, Journal of Risk and Uncertainty 12 （Number 2/3）: 219 – 237。

第1章 风险、信息与保险

对保险与再保险机制的传统功能进行简要回顾后，本章介绍了环境相关风险可保性的一般问题，描述了对待风险的不同态度，并对可保性的标准进行总结。本章将可保性归纳为以下要点：可评估性、随机性、同质性以及经济可行性。基于上述总结，本章认为，有两个重要的因素会在实际上对特定风险的保单条款发生影响：其一为总体不确定性，总体不确定性在很大程度上要依赖于法律框架；其二为信息不对称性，这一点可以导致负向选择与道德风险问题。正如本章作者所强调的，评估这两个因素对于建立适当的保险机制来保障环境风险而言至关重要。

1. 对风险的不同态度以及保险与再保险机制的传统功能

经济活动者对待风险持有不同态度，这取决于若干因素，包括风险的性质、损失概率、潜在的损失程度，以及化解其经济后果的能力。在理性与信息完善的假设下，经济活动者通过对损失的程度与事故发生概率（P×L）进行折算就能够计算出某一风险的实际价值（当前折算价值）。

一旦风险被正确地识别与评估，就需要作出风险管理决策。这时，经济活动者在风险管理决策中可能会有以下表现：

- 风险规避：风险规避决策者为了将风险的有害后果转移给他

人，愿意支付甚至超过风险折算价值的费用。

- 风险偏好：风险偏好决策者宁愿选择保留损失风险，而不愿预先支付与风险折算价值对等的费用来转移风险。

- 风险中性：风险中性决策者在（a）保留风险与（b）通过预先支付与风险折算价值对等的费用来转移风险这二者的选择上是中立的。

风险规避，才会产生保险的需求。保险公司反过来当然也愿意以相对接近于风险折算价值（保险费率）的金额作为交换来承担风险。因为大数法则使他们能够较为精确地预测每年的索赔金额，从而有效管理这些风险。根据大数法则这一数学规律，风险单位的数量越大，损失报告所报告的损失与基本损失概率越接近。这意味着保险公司需要集合相当大数量的同质而独立的风险以成为风险中性状态。

这样，传统保险机制的运作可被分为以下四个阶段：

- 风险评估（即风险的综合评估，综合评估通常通过统计分析与概率分析进行）。

- 风险转移（即通过保险合同转嫁风险的有害后果）。

- 风险集合（即将同质但独立的风险进行集中，使保险人能根据大数法则分摊风险并从中获取收益）。

- 风险分配（即通过费率设置技术为风险定价）。

随着预期损失程度的增加，保险人化解其损失的财务能力会受到严重损害。换言之，保险能力是有限的，当保险人的财务风险超出某一风险水平时，保险人往往会进行风险规避。在这种情况下，共同保险与再保险是可行的选择，主承保人乐于将其承担的风险分割出去一部分，并将其收取保险费的一部分支付出去作为代价。

再保险协议可以表现为不同的类型，其中包括：

- 成数（比例）再保险协议（规定再保险人承担主承保人转让

8

的一定比例的风险）。

- 超额损失（或止损）协议（规定到达某个起赔点之后，再保险人承担其风险分层部分的风险）。

2. 风险的可预见性、总体不确定性与信息不对称性

上文对保险机制进行了简要描述，保险机制能够在特定的风险与不确定性条件下[1]发挥其正常功能。弗兰克·奈特（Frank Kinght）在其众所周知的著作中对风险（可预见的损失可能性）与不确定性（不可预见的损失可能性）进行了区分，并认为保险对前者而言更加有效[2]。

换言之，弗兰克·奈特的基本观点是保险人必须事先掌握有关保险事件发生概率的准确信息，还要掌握保险事件发生后带来的经济后果程度的信息，如果没有这些信息，保险人就不能够充分计算保费。

在过去几十年中，有关风险可保性的若干标准在文献中得到确定和讨论[3]。例如，巴鲁克柏林（Baruch Berliner）提出[4]，以下九项标准可以评估任何风险：

1. （损失发生的）随机性；
2. 最大可能损失；
3. 事故的平均损失金额；
4. 两次事故之间的平均间隔时间（即损失频率）；
5. 保费；
6. 道德风险；
7. 公共政策；
8. 法律限制；
9. 保险限额。

巴鲁克·柏林认为，这套标准的使用让专业风险承保人能够确

定一项风险是否具有主观可保性[5]，在此意义上，上述九项标准形成了一套精确和近乎完整的评估体系。事实上，风险的可保性不仅取决于基于保险技术的计算，还取决于不同保险人考虑多种因素做出决策的复杂决策过程。这些标准包含主观和客观方面，彼此相互关联，从专业风险承保人的立场看，哪怕仅有一项标准不能充分满足，那么该风险就会被认为主观不可保。

不可保性所有主观方面的交叉领域，形成了不可保性的客观方面，而可保性所有主观内容的交叉领域，构成了可保性的客观方面。在二者之间存在一个独立的领域，这一领域中的风险对某些专业风险承保人而言是可保的，但对其他承保人来说是不可保的。

最近，有人重新阐述了一套更为简明的标准[6]，用以评估一般的风险可保性，这一简明的评估标准包括下列四个要素：

a）可评估性：损失的可能性和严重性必须是可量化的；

b）随机性：保险事件的发生时间必须是不可预测的，并且保险事件的发生在被保险人意愿之外；

c）同质性：暴露于某一特定危险的人数众多，共同构成一个风险群体，在这一风险群体内风险共担并被分散；

d）经济可行性：私营保险人必须能够收取到与风险匹配的保费。

对于那些不能轻易满足所有这些标准的风险，专业风险承保人会认为其是不可保的，因此，这种保险责任在市场就购买不到。值得注意的是，能够承保某种风险的保险是否可以实际购买到，不仅取决于其可保性，还取决于该保险与其他可以购买到的竞争险种相比在承保能力上的吸引力。于是，以下情况就会产生严重的问题：

a）总体不确定性（generalized uncertainty）——当保险人与潜在投保人均会同等地受到不确定性的影响时，这一不确定性被称为总体不确定性。要注意到，总体不确定性取决于事实条件与法律环境，这一点非常重要，也就是说，基本的法律制度往往会导致某一风险在总体上的不确定性以及含糊不清。

如上文所述，为了达到可保性的要求，一项风险必须在某种程度上可以事前预见，至少，该风险可以通过过往经验与统计计算的方法预见，[7]保险公司应当拥有足够信息以预计损失的概率与程度，并准确评估其承担的风险，从而计算所谓的精算公平保费。某项风险的总体不确定性情况严重的话，就会妨碍其可保性。即使不确定性并未严重到消除风险可保性的程度，它对保险的成本也是有影响的，因为从保险人处收取到的保费中包含了一系列附加保险费，其中一部分（即安全与波动附加保险费）就是针对风险所特有的不可预见的风险残余部分来提供保障。

下文会更为详细地谈到，立法者与政策制定者在这一领域往往发挥着决定性作用，这是由于基本法律框架所具有的一些特点会在很大程度上影响环境相关风险的不确定性、语意不明时的处理以及可保性。

b）信息不对称——被保险人总是比保险人拥有更多风险信息（非对称不确定性），因此产生了负向选择与道德风险的问题。

负向选择这一概念意味着被保险人以低于平均水平的风险购买或持有保险。当被保险人仅选择购买那些最可能发生损失的保险责任时，负向选择就会发生。[8]

道德风险，与负向选择相反，是指被保险人购买保险后减少对于保险标的的防范措施，从而导致损失可能性增加。换言之，道德风险意味着保险人由于保险的存在而对损失漠不关心。[9]

上述这些信息不对称性会产生代理成本[10]，为了应对这些问题，风险承保人不得不使用种种监测（monitoring）与约束手段（bonding divices）。监测手段主要是为了控制被保险人的行为，从而达到信息对称状态，而约束手段是通过激励方式把保险人和被保险人这两个相互悖离的利益重新统一起来。上述方法常见的例子是，应用复杂的筛查程序、风险区分技术、特征与经验费率、除外责任、共同保险条款以及免赔额。

同样，在非对称不确定性方面，立法者和监管者作出的选择也会发生重大影响。比如，如果法律规定对某一风险提出强制性保险的要求，这种规定可能有助于减少负向选择。相反，如果法院为了有利于被保险人而暂时对保险单的条款（特别是为了避免道德风险的除外条款和基本条款）作出创造性的解释，那么这种解释会导致这种风险险种最终在市场上购买不到。

总而言之，总体不确定性和非对称不确定性都会影响风险的可保性，因为这两种不确定性可能会产生以下后果：（1）削弱风险承保人承保某些风险的能力；（2）降低保险责任在市场上的适用范围和有效性；（3）降低潜在被保险人对某一保险的购买意愿，该保险会被认为价格过于高昂。

在不确定性与可保性问题上，本研究将阐述传统的保险机制和再保险机制在应对下列风险时面临的问题和困难：

- 环境污染风险（第 2 章）；
- 自然灾害风险（第 3 章）。

环境污染风险与基本的法律和监管框架紧密相关，该框架所具有的特征可能会产生不确定性，或对风险的可保性产生其他方面的限制。相反，如果环境法规与环境监管规则合理而清晰，那么损失就是可以确定的，并且可以促进高效的污染保险不断发展。但是，与渐进性污染风险以及影响人类健康和生物多样性的环境污染有关的事实不确定性，仍然会成为问题。长尾环境风险对保险人形成了极大的挑战，因为保险人必须能够对特定、合理期间内将要支付的赔偿金数额进行实际可靠的估算。此外，严重的信息不对称性也会造成与此相关的障碍。

在应对自然灾害风险时，传统的保险机制和再保险机制也会遇到问题，这是因为，对这种类型的风险而言，风险的可预测性、在地域范围上和时间尺度上分摊风险的能力以及市场的财务能力都受到了极大限制。

无论是环境污染风险还是自然灾害风险，预期损失的程度和信息问题都会影响风险的预测和评估，二者都需要多个保险人和再保险人共同努力（比如联营）解决上述问题。

值得注意的是，为了增强风险保障能力，市场上出现了对信息共享和市场集中的高度需求，这表明在这一领域需要以审慎的方式进行反托拉斯监管，制定竞争政策[11]。进一步说，在保费水平和保险条件问题上设置监管门槛，会影响到保险公司进入环境相关风险市场的意愿和能力。

基于上述考虑，本报告建议，所有的机构行动者，包括立法者、政府、监管机构以及法院，在处理和解决环境相关风险的可预见性与可保性问题上都可以发挥关键作用。

注　释

1. Abraham, K. S. （1986）, Abraham, K. S. （1986）, Distributing Risk: Insurance, Leagl Theory and Public Policy, New Haven: Yale University Press.

2. Knight, Frank H. （1921）, Risk, Uncertainty, and Profit, Boston: Houghton Mifflin Company.

3. Berliner, B. （1982）, Limits of Insurability of Risk. Englewood Cliffs, NJ, Prentice – Hall, Inc. ; Faure, M. G. , The Limits to Insurability from a Law and Economics Perspective, Geneva Papers on Risk and Insurance, 1995, 454 – 462; Skogh,　　G. （1998）, Development

risks, strict liability and the insurability of industrial hazards, Geneva Papers on Risk and Insurance, 87, 247.

4. Berliner, B. (1982), Limits of Insurance of Risks. Englewood Cliffs, NJ, Prentice – Hall, Inc.

5. Berliner, B. Spühler, J. (1990), Insurability issues associated with managing existing hazardous waste sites, in "Integrating Insurance and Risk Management for Hazardous Waste", edited by Howrd Kuneruther, Rageev Gowda, Kluwer Academic Publishers, 134ff.

6. Swiss Reinsurance Company (2002), Natural Catastrophes and man – made disasters in 2001, Swiss Re SIGMA Series 1/2002. Zurich, Swiss Reinsurance Company, 18.

7. Skogh, G. (1998), Development risks, strict liability and the insurability of industrial hazards, Geneva Papers on Risk and Insurance, 87, 247.

8. "当保险客户拥有秘密信息, 但保险人却不掌握时, 就会产生这一问题。为了说明问题, 我们做一假设, 从保险人视角看, 有两种类型的保险客户, 即'优质'风险和'劣质'风险。保险人并不能对优质风险和劣质风险这二者进行区分, 而保险客户也不会对两种风险的性质进行揭示——并且坚称二者都是优质风险, 在这种情况下, 市场就会崩溃。其逻辑如下: 首先, 保险人对二者收取相同的保费, 保费是以平均精算预期成本为基础制定的。这时, 对于劣质风险而言就是一件好事, 而对于优质风险而言就相对成为一件坏事。结果许多劣质风险就会购买保险, 而几乎没有什么优质风险会购买保险, 平均起来, 这就会导致保险人发生亏损。继而, 必然地, 保费会上涨, 这就会排斥优质风险, 吸引劣质风险, 导致新的亏损发生。循环往复, 最后将不会有市场留存下来。" Skogh, G. (2000), Mandatory Insurance: Transaction Costs Analysis of Insurace, in

Bouckaert, B. and De Geest, G. (eds), Encyclopedia of Law and Economics, Volume II. Civil Law and Economics, Cheltenham, Edward Elgar.

9. Shavell S. (1979), On Moral Hazard and Insurance, Quarterly Journal of Economics (QJE), 541 – 562.

10. Abraham, K. S. (1988), Enviromental Liability and the Limits of Insurance, 88 Columbia L. Rev. 946.

11. 关于欧盟竞争政策对保险行业的适用，参见：Commission Regulation 358/2003 of 27 February 2003 (OJ L53/8 of 28 February 2003) which replaces Commission Regulation 3932/92 of 21 December 1992 (OJ L398 of 31 December 1992, P. 7) . 又见："Report to the European Parliament and to the Council on the Operation of Commission Regulation No. 3932/92 concerning the application of Article 81 (Ex – Article 85), Paragraph 3, of the Treaty to certain categories of agreements, decisions and concerted practices in the field of insurance", issued by the Commission on 12 May 1999, COM (1999) 192 final.

第 2 章 环境污染风险和保险

本章聚焦于环境污染风险管理。此类风险的可保性与基本的法律框架与监管框架密切相关。作者分析了环境风险和责任的不同法律解决方案，简要描述各个经合组织国家在该领域的经验，最后描述欧盟的新进展。作者详细分析，事实和法律上的不确定性是源于环境污染的后果非常复杂，并且该后果具有潜在的长尾特性。随后，本章还概述了保险业针对环境污染风险所设计的新产品和技术，这些新产品和技术的设计是为了解决可保性问题应运而生。并强调保险公司在环境污染风险管理中能够发挥各种作用。最后，作者提出环境污染保险市场发展缓慢这一问题，并对解决这一问题的不同方案进行评估，包括强制保险或者发展可选择的财务担保。

1. 环境污染的负外部性

在法学和经济学文献里，环境污染通常被认为是一种由工业活动导致的产品外部成本（负外部性）。[1]污染物通过商业和工业活动排放到环境里，这往往会损害自然资源、减少生物多样性，并导致人身伤害、财产损害以及第三方经济损失。

如果法律体系不对环境危险活动的全部污染成本进行内部化处理，那么环境危险活动的成本就会有一部分落到其他人头上，这一利益会激励环境危险活动持续经营下去，即使其社会产出效率已经很低。

环境是公共物品，因此，对诸如空气、水、土地、动植物之类的自然资源进行破坏会对整个社会造成负面影响。如今，环境保护在全世界范围内日益引起关注，[2]地球上的自然资源正变得日益稀缺，各国都在不同程度上因低效利用自然资源而遭受到了负面影响。

2. 针对外部性问题的不同法律解决方案——事前监管与事后责任

因此，将污染成本完全内部化作为法律制度的目标，这一点非常重要。在理论上，这一目标可以通过多种法律手段来实现。

第一种解决方案是建立一套复杂的、严格集中执行的公法监管体系，包括命令控制规则、设置标准和制裁、进行事前监管，以及监管体系要反映权威机构的成本效益分析结果。

第二种解决方案是建立一种责任规则，[3]将外部成本在事后施加于行为人，并通过法院、其他裁决机构或权威机构进行执行。从这个角度看，污染者可以自由开展活动，但是随后会被要求对环境损害和第三方损害支付赔偿，从而在事后将污染成本内部化。

当然，这两种理论上的备选方案已经被广泛分析和批判：前者是由于其自身固有的僵化性，而后者是由于存在诉讼成本和所谓的"无力履行判决"（或者"无偿债能力"）问题。[4]因此，将两种解决方案结合起来似乎是最有效的解决办法。[5]

基于这一假设，本研究作更进一步尝试，将分析集中于现代环境保险在以下两方面产生的影响上，即对责任体系的影响和对监管框架的影响。其中，重点讨论了事后环境责任机制的优势和局限性，同时，上述事后机制会发生一些常见的失效情形，专业生态保险对防止失效的作用也被考虑进来并纳入了讨论范围。

3. 环境责任的赔偿和威慑

人们已认识到，环境责任制度的目标应当是达到有效水平的赔偿和威慑。换句话说，将经济学理论运用于环境政策，就责任机制进行立法以应对生态危机，这些都可以被理解成是为了努力实现以下两个重要的政策目标，这两个政策目标相互关联：

- 赔偿污染导致的损害；
- 威慑无效率的行为，从而预防成本不合理的污染。

一方面，通过关注对损失的赔偿，受害方的处境会被放到主要方面进行考虑。另一方面，威慑功能更关心的是给潜在的污染方提供适当的行为激励。然而，如果从稍微不同的角度看，这两种目标会共同促进风险分配机制有效形成，该风险分配机制能够将污染成本完全内部化。

a）过失责任和严格责任之间的抉择

立法者在确定一种责任规则的主要内容时，其面对的首要抉择是选择严格责任还是过失责任。

尽管过失责任被认为是一种有效的风险分散机制，但是，实践已经证明，在衡量某一特定行为的成本与效益这一问题上，潜在侵权行为人与潜在的受害人抑或法院（争议事实判决人）相比，[6]前者更具有优势地位，在这种情况下，严格责任更加有效。实际上，过失责任标准只有在以下方面才会对当事人提供适当的激励：

- 注意的水平（从事某一行为时的谨慎程度）。

但在以下方面并不会产生激励：

- 行为的水平（某一行为或活动的强度和频率）。

然而，这两个方面都影响着事故的可能性。[7]

如果受害方基本不能控制损失的风险（单方事故），那就几乎没有必要激励他/她在预防措施上进行投资，这种情况下，只需要控制潜在侵权行为人（即潜在污染者）的行为就足够了。严格责任标准将负外部性完全内部化，它使潜在侵权行为人必须同时考虑注意水平和行为水平，从而激励其以有效率的方式采取行动。[8]严格责任将损失风险分配给能够更好地控制风险的一方，也就是分配给能够采取最低成本避免伤害的那些人。

环境污染事件在大多数情况下是单方事故。因此，为了达到一个有效的威慑水平，严格责任比过失责任更为合适，至少在危险行为方面是如此。[9]

严格责任相对过失责任而言，在赔偿方面具有许多优势，尤其在工业污染案例中。事实上，在典型的污染纠纷中，对疏忽的证明，于受害方来说简直是一个"恶魔的证明"（probatio diabolia），这是一个难以克服的障碍，其困难之处在于，受害方很难获取相关信息以及所涉及概念的技术特性。[10]

另外，严格责任规则可以被理解为是保险的一种形式，其保险受益人就是受害方。而且，由于不具有任何惩罚性，这种责任形式在商业保险市场上应该更容易转让。在此意义上，环境保险将会是以再保险的形式运转。

基于以上讨论，就不难理解，严格责任在最近几年里[11]被许多经合组织国家作为所有环境立法的基础，并且，危险活动的生产经营者（即那些能更好控制环境风险的人）必须强制承担相关责任。

b）责任的分担与分配

当同一污染事故涉及多个污染方时（通常这种情况很常见），那就出现了另外一个困境：责任应该由每个污染方单独承担（比例责任），还是由所有污染方共同连带承担？

如果孤立地考虑环境责任制度的赔偿功能，共同连带责任显然为受害方提供了更大便利。然而，环境责任制度所具有的威慑目标却要求每个污染方都要为他/她自己的行为后果付出代价。如果责任不是单独的，激励机制可能不会正确发生作用，因为污染方可能没有能力进行正确的成本－效益分析。

而且，如果考虑到可保性问题的话，就应该避免适用严格的共同连带责任标准，这会影响风险承保人恰当评估其潜在客户的风险并对其进行定价。

在实践中，大多数经合组织国家的一般立法趋势是，将两种责任分配原则中的要素结合起来，即虽然将共同连带责任常被作为通用规则，但污染方通常可能会通过证明其所占的责任份额来限制其财务风险。

c）直接与间接环境保护

第三种解决方案，其特征是注重对最佳环境责任规则进行选择的过程，它既关注环境责任的范围，也通过特殊的制度关注环境责任所覆盖的损害类型，这种解决方案是由从事环境法[12]比较研究的学者提出的。

一方面，我们可以对环境予以直接保护，让污染者对其行为的所有有害后果承担责任，包括清理费用以及对生物多样性与诸如空气、水、土壤、植物和动物等自然资源的损害（所谓的"环境损害"或者"生态损害"）。

因此，如果出现污染事故，法律体系将迫使责任方就对环境造成的所有损害支付赔偿，包括场地修复和清理费用以及自然资源损害（NRDs）和生物多样性损害，除此之外还包括由污染事件引起的第三方其他财产损害、人身伤害或经济损失（所谓的"传统损害"）。

换句话说，通过采取直接保护制度，侵权法的传统边界以这样一种方式扩大了，将对公共物品损害的赔偿义务包括进来。公共物品即指环境，在广义上包括自然资源、生物多样性以及濒危物种等。

这样，权威机构（通常指州）就被授权代表公民来接受对生态损害的赔偿，或者申请司法救济，比如禁令，来迫使责任方首先采取救济措施。通常，采取直接保护制度的法律体系会制定特殊的环境责任制度，这一特殊的环境责任制度并不覆盖污染造成的传统损害；对传统损害的赔偿由一般侵权法规则管辖（即民法典中的规则或者普通法中的规则，具体取决于管辖范围），判例法还会根据环境污染的具体情况对赔偿作出修正。美国、意大利、瑞士和葡萄牙[13]等国家在不同程度上选择了这种独到的方式。

另一方面，还可以引进新的、更严厉的责任规则以覆盖"传统损害"，只要这些损害是由污染事件引发的，就被纳入赔偿范围。当污染会引起人体健康和私人财产的损害时，环境危险活动将受制于更严格的规则，这样，即使"环境损害"（定义见上文）被排除在外，环境仍然受到了直接保护。

这种观点体现在 1991 年德国《环境责任法》中。正如我们在下文将看到的，德国《环境责任法》第 1 章规定，其附录所列举设施的经营者，对由于该设施的环境影响产生的人身伤害和财产损失承担严格责任，同时根据第 6 章的规定，对上述损害的认定，采取因果关系推定原则。

相比于间接保护体系，直接保护体系对自然资源损害承担赔偿义务（NRDs）进行规定，这一做法具有明显优势，因为它能够迫使污染方将其行为造成的负外部性全面内部化。然而，选择直接保护体系的做法会带来新问题，其中最重要的问题就是对所谓"环境损害"或"生态损害"进行货币化的评估和量化。

特别值得注意的是，对于那些被污染后不能彻底恢复或替代的自然资源价值或其他环境服务价值，量化问题产生了极大争议。其中一些货币化的评估标准——比如条件价值法[14]和旅行费用法[15]——具有极大的主观性，而且它们可能会得出几乎是变幻莫测的结果。

相反，应当看到，在一个"有限的"直接保护体系下，要求责任方对污染场地及其周边受损害自然资源承担修复费用和清理费用的责任，这可能是更为实际、可行的选择。

对于刚才提到的问题，有一点极其重要，若干经合组织国家近年来制定了包含特别规则的公法制度，这些制度以行政性的或刑事性的制裁为后盾，规定了污染场地清污义务。这些制度或者是取代了其现行的环境污染民事责任制度，或者是在环境污染的民事责任制度之外作出额外规定。换句话说，如果出现污染事故，主管公共机构可能会强制设施经营者以及/或场地所有者或占有者立即采取安全和预防措施，并对场地进行净化，否则将处以处罚、罚款，甚至监禁。

私法制度要依赖于民事责任（即侵权法），而公法制度是以行政性的以及/或者刑事性的责任为基础，二者的主要区别在于，公法制度中的预防和修复措施，比如清理责任，由主管公共机构通过强制命令来执行。这些公共机构被赋予监管和执行权，不需要法院进行提前裁决。某些时候，行政机构为了从责任方获取修复成本，会利用与其并行的民事责任机制，但是这些机构通常是有权力先发出强制清理命令的。

经合组织国家近年符合这一趋势的例子包括：

- 丹麦：1999 年 6 月 2 日颁布的《污染土壤法》第 370 条。
- 芬兰：2000 年颁布的《环境保护法》第 86 条（第十二章）。
- 德国：1998 年《联邦土壤保护法》（BSG），1999 年 3 月生效。
- 意大利：1999 年 10 月 25 日颁布的第 471 号部令，以及 1997 年 2 月 5 日颁布的立法令（郎奇法令）第 22 条。
- 新南威尔士（澳大利亚）：1997 年颁布的《污染土地管理法》。
- 西班牙：1998 年《废弃物法》第十条（Title V）。
- 瑞典：新《环境法典》第十章，1999 年 1 月 1 日生效。
- 英联邦：1990 年颁布的《环境保护法》有关污染土地的第 IIA 部分（1995 年环境法第 57 节提出），该法 2000 年 4 月 1 日在英格兰执行，2000 年 7 月 1 日在苏格兰执行，2001 年 7 月 14 日在威尔士执行。

将环境责任引入公法体系，这是一个总体趋势，其作用在于强制要求某些当事人（通常是破坏的引发者与污染土地的所有者或占有者）承担环境清理责任或者承担其他财务责任，这些做法使形势愈加复杂，并提出了一个重要的问题，即如何恰当地确定保险责任的类型。[16]

事实上，在那些针对污染土地修复已经制定了公法制度的司法管辖区，主管机构通过发布行政命令的方式强制要求承担场地清理费用或者其他费用，责任保险对这些费用可能并不适合承保。因此，财产和责任承保相结合的混合产品可能会在未来的环境污染保险发展中变得尤为重要。[17]

从可保性角度看，无论在任何事故中，都要注意将土壤污染或者水污染的清理责任（不论是民事的还是行政的）与对自然资源和生物多样性破坏承担的（相对于包含第三方人身伤害、财产损害与经济损失的"传统损害"，二者都属于广义的"环境损害"或者"生态损害"）金钱赔偿责任进行区分，这一点非常重要。

如上文所述，对自然资源损害（NRDs）和生物多样性损害进行货币化评估，这在实际上可能具有强烈的主观性与不可预测性，而技术清理标准则可以由主管当局以足够清晰、稳定和可预计的方式确定。如果是这样，那么关于环境清理和修复费用责任的风险就可以完全由保险部门来管理。

4. 不同法律解决方案的比较分析

本节尝试对环境污染风险的不同法律应对方式作出分析，在本节末尾，用对比表格对这些不同的法律应对方式进行了总结。本节的目标不是要详细研究这些法律制度的具体细节，而是要基于对可保性的考虑，根据对条款的现有分析，梳理出这些环境责任制度中最重要的条款。

基于上述目标，本节论述以下法案的主要特征：a）1980 年美国《综合环境反应、赔偿与责任法》（CERCLA）；b）德国 1991 年《环境责任法》（*Umwelthaftungsgesetz*）以及 1998 年《联邦土壤保护法》；c）意大利 1986 年第 349 号法令和 1997 年立法令第 22 条（郎奇法令）；d）欧洲共同体委员会 2002 年 1 月 23 日发布的欧洲议会和欧盟理事会关于环境损害预防与修复指令的提案。

a）美国 1980 年《综合环境反应、赔偿与责任法》（CERCLA）

1980 年美国制定了《综合环境反应、赔偿与责任法》（CERCLA）。[18]CERCLA 第 107 条（§107）规定了极其广泛的潜在责任方（PRPs）[19]范围，潜在责任方要对反应费用承担严格的、可追溯的共同连带责任，其反应费用包括清理费用和自然资源损害。[20]

尽管内政部（DOI）[21]已对自然资源损毁的评估和赋值发布了详细规定，但 CERCLA 第 107（a）（1-4）（C）条中有关 NRDs——即对自然资源的损坏、破坏或者减少产生的损害，包括合理的评估费用——的条款很少被法庭执行，而与反应费用责任有关的条款在过去二十年内却被广泛提起诉讼。

CERCLA 是成文法，它把几乎是绝对的责任制度[22]与资金筹集机制结合起来，就是为了要处理具有最高优先性的危险废物场地。这一联邦法案事实上建立起了一个信托基金，其更加广为人知的名字是超级基金，超级基金由各种财政征收维持，比如石油税、大型企业环境收入税以及对处置危险废物的化学产品制造商的征税。[23]

该法案的执行权授予于 1970 年成立的美国联邦环境保护局（EPA）。超级基金的资金主要由 EPA 用于对必要的清理与恢复行动进行评估并确定潜在责任方，从而使责任方支付污染场地的清理费用。

　　CERCLA 是一个混合型体系，其中包括了民事责任规则，也包括了授权允许 EPA 发布强制清理命令的规则，如果责任方不予执行该命令，将受到严厉的罚款和惩罚性损害赔偿（三倍）。以下两种机制可以确保潜在责任方承担反应费用：1）依照第 106（a）条的单方行政命令 和 2）在使用超级基金进行清理和修复后对责任方采取追偿行动（第 107 条）。几年之后，"执行优先"策略成为主流趋势，执行优先策略的执行对于污染方来说并非无关紧要，因为 CER-CLA 禁止在修复工作结束前开展任何执行前的审查或者听证。CER-CLA 制定以后的 15 年内出现了大量诉讼，一些纠纷把 EPA、潜在责任方（PRPs）以及他们的公众责任承保人都卷入其中。对于 CER-CLA 规定的可追溯责任，潜在责任方的清理费用可以基于几十年前发布的基于发生制的公众责任保单（CGL）来寻求保障。[24]法庭判决通常会倾向于投保人，从而将一大部分修复费用转移给保险公司。然而，这一策略导致的结果是，大量的资金被用于诉讼和其他交易成本，这对环境保护是不利的。

　　除此之外，由于在判例法中，法院对于保险单除外责任与保险条件[25]的解释变化莫测，这造成一场危机冲击了美国环境保险市场，市场上几乎买不到污染保险，这一危机直到最近几年才有所缓解。CERCLA 责任体系非常严格，加上早期公众责任保单下环境保险问题的判例法颇受争议，这些都造成了让人难以接受的法律不确定性，从而阻碍了环境污染保险的发展。

　　现在，根据 1986 年公众责任险的污染除外条款，环境责任已经被完全排除在标准的公众责任险之外，环境责任保险作为一个新型特别合同重新出现在市场上，它基于索赔发生制或事故发生制，责任范围通常局限于人身伤害、财产损害以及反应（清理）费用。[26]之所以出现这一有利趋势是因为：法庭判决正日益变得更加可预见，清理费用更容易得到稳定的确定，并且立法改革也可能会出现。

CERCLA 的条款处于严格监督之下，这些条款主要关注责任制度的可追溯性（这一点在 CERCLA 中并没有明确表述）、有限的可用抗辩范围，以及极其严格的共同连带责任标准。此外，由于美国环境监管框架极其复杂并且能够得到严格执行，保险行业将违反行政标准的行为列入除外条款后，就能以合理的价格为那些被监管行为产生的污染提供保险。[27]《资源保护和恢复法》[28]（RCRA）对 TDSFs（危险废物处置与储存设施）[29]规定了强制性的财务要求，还对地下储罐和石油污染可能引起的海洋损害要求强制保险，除此之外，环境保险在美国通常不是强制的。

b）德国 1991 年《环境责任法》和 1998 年《联邦土壤保护法》

德国《环境责任法》（Umwelthaftungsgesetz）制定于 1991 年。该法案规定，某些种类的工商业企业对于污染事故导致的人身伤害和财产损害承担严格责任，[30]工商企业的种类参见法案的两个附录。[31]因此，在德国民事责任制度中，环境是受到间接保护的，只有特别列出的活动才受 1991 年法案的约束。[32]

德国《环境责任法》中的责任标准极其严格。该法案第 6 章引入了因果关系推定原则——因果关系推定原则仅在某些情况下适用——这一原则将举证责任转移，实际上有利于原告方。[33]有一种情况不适用第 6 章规定的因果关系推定原则，那就是企业在正常运营（Normalbetrieb）过程中、具有合法授权并且遵守所有监管要求[34]的情况下发生的损害，这时保险责任被触发，但不适用因果关系推定原则。[35]

在德国的环境责任制度下，企业同样要承担发展风险（Entwicklungsrisiko）。此外，为了保证该法律制度的有效性，1991 年《环境责任法》规定，受害方有权获得信息（第 8 章 对企业所有者的信息权利和第 9 章 对公共机构的信息权利），同时规定企业所有者也有信息权利（第 10 章）。[36]《环境责任法》第 15 章规定了每次污染物排放的环境责任上限：死亡和人身伤害为 8500 万欧元，财产损害为 8500 万欧元。[37]

如果企业属于 1991 年《环境责任法》附录 II 列举的范围（即最危险设施），根据第 19 章，这些企业最终必须满足特定财务要求。虽然高风险活动的强制保险计划还未完全得到执行，然而紧随 1991 年《环境责任法》之后，一种新的环境责保单（HUK – Umwelthaft Modell）出现在德国污染保险市场，该保单由 Verband der Haftpflicht-versicherer，Unfallversicherer，Autoversicherer und Rechtsschutzver-sicherer e. V.（Huk – Verband）德国意外伤害保险协会提出。[38] 该保单基于事故发生制，并且可以根据潜在被保险人的需求量身定制，保单中包含许多不同的污染保险"板块"，从而投保人可以利用这些"板块"建造一个更适合自身特殊需求的环境保护屏障（Bausteinsystem）。

1998 年《联邦土壤保护法》（BSG）制定，该法案规定了有关土壤污染和修复的新规则，并于 1999 年 3 月 1 日生效。这一联邦法案为德国污染场地的清理提供了统一的规范。《联邦土壤保护法》建立了基于严格责任的公法体系，其严格责任可以覆盖土地破坏、地下水与地表水的相关污染。预防和修复措施的责任由环境破坏的引发者、环境破坏引发者的继承人以及当前或者过去的占有者或所有者承担。在责任分配上，采取赔偿或者与其他责任当事人分担份额的方式对共同连带责任进行分配。

《联邦土壤保护法》引入了危险场地的识别与监测机制，建立了主管公共机构与责任方之间的责任分配机制。此外，该法案的特别条款还允许责任方签署清理协议并提交给主管机构批准。如果该协议获得批准，主管机构将不会发出任何行政性指令进行处罚。

c）意大利 1986 年第 349 号法令和 1997 年法令第 22 条（郎奇法令）

意大利 1986 年 7 月 8 日发布第 349 号法令（Istituzione del Minis-tero Dell'Ambiente e norme in material di dannoambientale），该法令在意大利确立起了旨在对环境给予直接保护的私法制度。法令 18L. 349/86 条要求污染引发者对自然资源损害承担民事责任，并且国家有权代表公民接受赔偿。[39]

"环境损害"责任以过失责任原则为基础，其范围并不局限于危险行为或特定设施。引起环境损害的污染物排放行为或其他错误行为一定是违反了旨在保护环境的行政规则和标准。尽管法律学者们持不同观点，[40]选择并确立过失责任标准可以被认为是对意大利的"犯罪"理论传统的沿袭。[41]事实上，意大利最初在应对生态危机时，遵循的是传统刑法应对公共政策问题的途径。[42]18L. 349/86 条中的环境责任条款在执行时需要在很大程度上依靠前期已经确立的行政标准，这一条款与集中监管框架中的制裁部分相似。从这个角度看，就不难理解为什么责任是基于个人基础规定的。[43]第 18 commaVIII 条规定，只要在物质条件上是可行的，受破坏的资源（即 restituion in integrum）都应当被修复，而不受《意大利民法典》第 2058 条提出的"过度困难"（excessive hardship）的限制。当受破坏自然资源的修复在技术上不可能时，第 18comma VI 条设置了几个标准，以便于法官对自然资源损害（NRDs）开展价值评估时参考。考虑到第 18 L. 349/86 条的复杂混合背景，就不难理解，在确定损害价值的大小时，为什么要把过错的程度[44]以及污染者因违反环境法规行为的盈利都考虑进来。[45]

自 1986 年以来，意大利法院很少适用第 18L. 349/86 条，而每当他们决定适用该条款时，往往会使已经很棘手的情况变得更加令人混淆。[46]一些法院曾认为，根据该条款，只要违反环境标准就应当承担责任，即使没有切实证据证明环境损害的发生。[47]只有两个经报道的有关自然资源损害价值评估的法院判决，这两家法院分别是

1989 年的 Pretore di Milano, sez. Rho,[48] 以及 2002 年的 Tribunale di Venzia,[49] 但它们在如何应用法律规定的量化标准这一问题上并没有多大指导意义。意大利最高法院近期大多数上诉判决都作出如下陈述：第 18L. 349/86 条在适用上具有追溯性,[50] 并且适用严格责任标准。[51] 这就导致，意大利的这种法律不确定性水平影响到了环境污染风险的大小，这一点非常重要并且很成问题。

此外，最近几年里，1997 年 2 月 22 日颁布的第 22 条立法令以及 1999 年 10 月 25 日以第 471 条部长令形式发布的实施纲要，都新增了有关土壤污染责任的重要条款。

根据郎奇法令第 17 条的规定，任何人如果导致土地、地表水以及地下水超出法定污染限值，或者导致土地、地表水以及地下水发生显著而紧迫的污染危险时，其必须承担修复行动的费用，以确保场地安全、清理污染物并对环境进行修复。郎奇法令适用严格责任标准，在发生污染时，污染者有义务立即通知地方主管机构，地方主管机构有权发布强制性的清理命令。当污染引发者（causer）不能承担责任时，没有直接参与污染行为的场地所有者就要承担责任。如果主管机构被迫要自己开展清理与修复工作的话,[52] 其会发布一个前期支付令。另外，还应当注意到的是，1999 年 5 月 11 日颁布的第 152 号立法令的第 58 条对于水的损害也规定了相似义务。同样应该指出，在以上两种情况下，强制清理命令都是以刑事制裁为后盾的（1999 年 5 月 11 日第 152 号立法令第 58 条和朗奇法令第 51 条）。

意大利有关"环境损害"的各种责任制度（1986 年第 349 号法令，1997 年第 22 号立法令以及 1999 年第 152 号立法令）看起来有一定程度的重复，并且缺乏协调性，这些都额外增加了法律的不确定性。

目前，意大利环境保险集团（Pool R. C. Inquinamento）提供的环境责任保单不承保任何郎奇法令规定的现场清理责任，也不承保第 18 L. 349/86 条提出的"环境损害",但在少数例外情况下,环境责任保单会承保属于第三方索赔权人的受损财产清理费用。不过意大利保险集团正在起草新的保单,拟将现场修复费用纳入保险责任范围。

d)欧洲共同体 2002 年 1 月 23 日发布的欧盟议会与欧盟理事会关于预防与修复环境损害的环境责任指令提案 [COM(2002)17final]

随着 2000 年 2 月 9 日环境责任白皮书[53]的发布,2002 年 1 月 23 日,欧洲共同体委员会向欧洲议会和欧盟理事会提议制定环境损害预防与修复环境责任指令 [COM(2002)17 最终稿]。经过该提议,欧洲共同体委员会开始执行《第六次环境行动计划》提出的行动。[54]

提案的目的在于预防和修复"环境损害",该指令的目的为:

a)生物多样性[55]损害是指对生物多样性的保护产生严重不利影响的任何损害[56];

b)水资源损害是指对水生态状态、水生态潜在的以及/或者化学的状态[57]产生不利影响,导致其状态将会或可能从指令 2000/60EC 定义的状态开始恶化的情况,但指令 2000/60/EC 条款 4(7)所指的不利影响除外。

c)土地损害是指导致土壤和下土层污染,从而对公共健康造成严重的潜在或事实伤害的损害。[58]

根据该指令第四条的规定,当环境损害还未发生,但是损害的发生具有紧迫危险时,主管机构应当采取必要的预防措施,或者要求经营者[59]采取必要的预防措施;成员国应当规定,当经营者意识到或应当意识到紧迫危险时,在不妨碍有可能由主管机构要求采取的行动的情况下,经营者应当采取必要措施预防环境损害发生,而不必等待主管机构的指令。成员国应当在适当的情况下规定,只要环境损害的威胁还未消除,相关经营者即使已经采取了预防措施,也应当向主管机构报告情况。如果经营者不遵守该项义务，主管机构就应当采取必要预防措施。

此外，根据第五条的规定，如果环境损害已经发生，主管机构应当采取必要修复措施，或者要求经营者采取必要修复措施。如果经营者不遵守这一要求，主管机构就应当采取必要修复措施。具体修复措施按照附件 II 确定。[60]

对于附录 I 列举的特定危险活动经营者，已经造成了环境损害的，经营者对环境损害的预防和修复费用承担严格责任。其他活动的经营者对生物多样性损害（"环境损害"的一部分）的修复费用承担责任，但该项责任是过失责任，仅在有过失的情形下承担。

与早在 2000 年白皮书中提出的环境责任制度相反，该提案不关注污染引发的"传统损害"（即人身伤害、财产损害与经济损失）的责任，因此，这些传统损害将继续受现行国家法律的保护。

对于共同责任的分配问题，提案指出，如果主管机构能以足够合理、可行的水平来确定同一损害是由多个经营者的行为或疏忽导致，成员国可以要求相关经营者对该损害承担连带的、共同的责任，或者主管机构可以在公平合理的基础上将承担责任的费用在每个经营者之间进行分配。如果经营者能证明其活动在损害后果中所占的比例，他们可以只承担与其损害比例相适应的费用。

需要重点指出的是，提案里明确承认并重点强调，环境责任制度在范围上具有局限性。事实上，就那些具有广泛性与分散性特征的污染所造成的环境损害或造成损害的紧迫危险而言，不可能在损害与某个单独经营者的活动之间确立因果关系，对于这种情况，这一环境责任制度并不覆盖。此外，生物多样性损害（其定义见上文）并不包括主管机构明确批准的活动所造成的不利影响。

该指令不覆盖以下行为造成的环境损害或造成损害的紧迫危险：a）武装冲突、战争、内战、或者叛乱；b）异常的、不可避免的以及不可逆的自然现象；c）其可适用的法律和规定允许的，或者经营者持有许可证和授权的排放或者活动；d）进行排放或者活动当时，科学和技术知识不认为这些排放和活动是有害的（即发展风险）。此外，当环境损害或者损害的紧迫危险是由以下原因导致的，经营者对预防和修复措施的费用不承担责任：a）损害是由第三方的故意行为导致，并且损害或者损害的紧迫危险发生时，合理的安全措施已经就位；b）遵循公共机构发出的强制命令、指令或其他法定的约束性、强制性措施。[61]

为了确保环境保护机制的有效性，指令第 6 条指出，在以下情况下，成员国应当确保采取必要的预防和修复措施，尽管其中有些内容已经超出了责任制度的范畴：a）导致损害或者损害紧迫危险的经营者已经不可能得到确认；b）能够确认导致损害或者损害紧迫危险的经营者，但是该经营者没有足够的财务手段采取任一必要的预防和修复措施；c）能够确认导致损害或者会损害紧迫危险的经营者，但是该经营者没有足够的财务手段采取所有必要的预防和修复措施；d）按照指令的规定，经营者不需要采取必要的预防和修复措施。

主管机构有权对造成损害或者损害紧迫危险的经营者实施成本回收行动，根据指令所采取的、五年期间内（限制期间）的预防和修复措施都可以纳入成本回收行动，从该措施产生效果之日起算。

在不影响主管机构动议并开展的调查基础上，受到或可能受到环境损害不利影响的个人以及合格的机构应当有权向主管机构举报任何他们知晓的有关环境损害的情况，并有权要求主管机构采取行动。

指令的提案并未具体关注到任何提供保险凭证或者其他的足额财务保证形式，但欧盟成员国通常会被建议在以下方面进行鼓励：

- 经营者购买合适的保险或者提供其他形式的财务担保，从而为承担指令义务提供有效保障；

● 通过适当的经济与财务运营方式，包括金融服务行业的运营方式，开发相应的保险或其他财务保证工具与市场。

e）污染风险的环境立法趋势概要

正如本文引言所指出的，基于本报告的目的环境污染风险可以被看作是为环境污染现象的后果承担法律责任所导致的风险。

我们发现，在经合组织国家司法管辖范围内，环境责任的新领域正在迅速扩大。越来越多的潜在责任方被纳入到私法或公法制度中，这些潜在责任方以不同的形式对污染物排放导致的不同类型的有害后果承担赔偿责任。

很多法律体系都制定了有关"环境损害"民事责任（即自然资源损害与修复费用）的新的私法规则，这些新规则是为了对那些仅覆盖污染导致的"传统损害"（即人身伤害、财产损害与经济损失）的规则进行补充或替代，但实际上，正式对环境损害支付金钱赔偿的责任很少被执行。[62]

潜在危险活动的经营者在现代环境法中通常要承担严格责任，而且实行有限抗辩，其因果关系的举证责任往往是宽松的或者是倒置的。

此外，对于土壤污染和水污染，总体趋势倾向于制定公法体系（或混合体系），主管机构基于信托理论，有权向污染者发布强制清理命令，并且以严厉的刑事/或行政制裁作为后盾。在许多司法管辖区，污染场地的所有者或占有者最终会承担预防和修复措施费用的责任，至少是部分责任。

关于预防与修复环境损害的环境责任指令提案把上文所述的一些趋势纳入其中，并显示出其自身具有的一些独特而重要的特质。

通过民事或者行政诉讼程序中对责任规则的执行来分配环境污染风险，这也许会成为一个行之有效的途径，其原因在于：

表2-1 环境污染风险与保险：不同法律解决方案概况比较

	严格责任与过失责任	民事责任制度的其他特征	自然资源损害与生物多样性损害	污染场地清理成本责任	潜在责任方	强制环境保险
美国 1980年综合环境反映、赔偿与责任法（CERCLA）	严格责任。	共同连带责任，可追溯。	有，但很少执行。传统损害（死亡、人身伤害和财产损害）由普通法（侵权行为法）规则规范，不适用CERCLA。	有。主管机构（EPA）有权发出强制清理命令。	CERCLA §107列举了极为广泛的责任方类别，包括现在和过去的场地拥有者。	否。根据CERCLA，保险不是强制的。其他成文法要求一定的财务担保，包括：废弃物设施、地下储油罐、石油污染造成的海洋损害。
德国 1991年环境责任法（UHG）和1998年联邦土壤保护法（BSG）	UHG和BSG都规定了严格责任。	共同连带责任（UHG和BSG）。因果关系推定责任（§6 UHG）。责任也包括正常经营活动经完全授权的行为所造成的损害（UHG）。	无。UHG只包含传统损失：由环境污染引起的死亡、人身伤害和财产损害。责任额度有限制（UHG §15）。	有。根据1998年BSG，主管机构有权发出强制清理命令。	根据1991年UHG，只包括该法案附录中列举的危险活动。根据1998年UHG，任何造成伤害的人、其继承者以及现在或过去的场地所有者或占有者。	是。1991年法案（UHG §19）附录Ⅱ中列举的最危险活动实施强制保险和强制保险计划还没有得到全面执行。

续表

	严格责任与过失责任	民事责任制度的其他特征	自然资源损害与生物多样性损害	污染场地清理成本责任	潜在责任方	强制环境保险
意大利1986年第349号法令及1997年第22号立法法令（即奇奇法令）	过失责任（art.18 L349/86）。但是，根据民法典2050条，针对危险活动经营者实施更严格的责任制度（D.22/97）	根据 art.18 L349/86，环境破坏责任是个人的，并与违反其他环境保护规范相关联。但是，近期意大利判例法对环境破坏责任实施的责任可追溯的共同连带责任。	根据1349/86，有。但是很少执行。传统损害（死亡、人身伤害和财产损害）由民法典第2043条以后的内容进行规范。	根据 1349/86 和 D.22/97，有。根据 D.22/97，主管机构有权发出强制清理命令。	1349/86：因违反其他环境保护法规而造成环境损害的任何人。D.22/97：任何造成土地、水面或地下水超过法定污染限值的，或造成上述污染显著而发生紧迫危险的人。如果污染者显著而发生紧迫危险的人，则未参与污染活动的场地所有者应承担责任。	否。
欧洲委员会2002年1月23日环境责任指令提案（COM（2002）17/最终版）	附录1列举的危险活动经营者承担"严格责任"。其他经营者、其他当事人，在承担过失责任，对渐进性污染不承担责任，对某生态多样性损害责任时，责任是有限的。	可在连带共同责任和各个人责任之间选择。不可追溯。对渐进性污染不承担责任，对授权放射所造成的影响也没有责任。对发展风险不承担责任。	有。环境损害的定义包括：生物多样性损害，水损害和土地损害。传统损害（死亡、人身伤害和财产损害）未包含在任案中。	主管机构有权发出强制清理命令，但是土地损害责任只有在对公共健康造成污染在或实际造成危害的情况下才会被触发。	对环境损害：只包括附录1中列出的危险活动经营者。对生物多样性损害：任何对生物多样性损害造成严重不利影响的人。	否，委员会认可金融安全的重要性，但提案中并未强制规定环境保险或其他财务担保。

- 完全遵循污染者付费原则（经合组织国家有关环境政策的经济方面的国际指导原则之一）；
- 达到赔偿和威慑的有效水平。

然而，需要引起注意的重要一点是，责任方不具有偿债能力这一潜在可能性会破坏掉任何责任机制的有效性。在环境事故发生以后，如果污染者没有资产对其损害进行赔偿，那么整个环境责任系统将崩溃，而且其全部结果就是又造成了额外的诉讼资源浪费。考虑以上因素，保险和再保险也许可以义不容辞地在有效管理环境污染风险上发挥关键作用。

5. 环境污染和保险的事实不确定性

尽管如此，环境污染风险仍然给保险行业带来许多难题，尤其当涉及所谓的渐进性污染现象时，因为渐进性污染具有如下特征：

- 事实不确定性；
- 长期影响（导致长尾责任）。

正如本报告第 1 章里指出的，保险只有在特定的不确定条件下才会正常发挥其功能。环境污染风险极其特别，它既包括了事实不确定性也包括了法律不确定性。当面对渐进性污染事件时尤其如此，这是因为渐进性污染事件会持续很长一段时间，其进展缓慢而隐蔽，损害后果可能只有在几年甚至几十年后才显露出来。环境污染风险的可保性在这一问题上可能会遭遇严重障碍，即信息不对称性以及总体不确定性。

由于现代生产技术具有复杂性，当承保人不能准确地进行风险归类时，负向选择[63]就会在该领域大量出现。在环境污染风险领域，道德风险现象[64]极其常见：这就容易理解为什么高风险设施的所有者与经营者会将保险错误地理解为一种永久性的"污染许可证"，这种污染许可证可以通过支付年度保险费购买到。

　　为了应对这些问题，专业风险承保人需要开发并使用新的监测手段与契约约束机制。

　　渐进性污染事件还具有总体上的事实不确定性：在大多数情况下，污染进展让人难以察觉，在相当长时间内具有潜伏性，事后很难确定污染何时开始、持续多久。

　　因此，渐进性污染现象所具有的延迟效应特性和长期效应特性将会对传统的保险责任触发条款（比如"行为已实施"或者"损失发生"等触发事件）的充足性提出挑战，根据"行为已实施"原则，不当行为必须在责任保单有效期内发生，而根据"损失发生"条款，由不当行为造成的伤害或损失必须发生在规定期间内。这些条款在处理突发事件时可以有效适用，但在处理渐进性污染风险时，就完全不适用了。

　　比如，假设储罐正连续而缓慢地泄漏某种有毒物质，那么，确定泄漏是什么时候开始的以及持续了多久，这一点极其困难，甚至是几乎不可能的，同样，也很难准确确定环境破坏从何时开始（即土壤和水中的有害物质超出阈值浓度的时间）。由于不能指定触发事件的特定时间点，在传统规程下去确定保险责任是否存在以及是否生效就出现了很大问题。再比如，几年前购买的责任保单，当时规定了适当的保险责任额度，但很可能由于货币的持续贬值，保险责任到现在已经完全不够了。

　　事实不确定性还与新兴技术与材料所带来的潜在破坏效应有关，换言之，所谓发展风险的重要性在这个时候就变得极其重要了。[65]最后，共同污染也是常见现象，而且通常难以确认并分割单独的责任份额。

　　环境污染风险的这些特征在每一个法律体系中都是共通的，这也就解释了为什么，至少目前是这样，环境污染风险几乎在所有地方都被排除在公众责任险之外，并且，只有非常特殊的保单才会在满足特定条款与条件的情况下承保渐进性污染。

6. 环境责任风险和保险的法律不确定性

法律不确定性的水平在不同私法管辖范围下的法律体系中截然不同，法律体系的可变因素代表着其总体不确定性，法律不确定性具体取决于以下几点：

a）由立法机构设计的法律规则进路（即环境责任制度）；

b）在同一制度框架内，法律参与者（政府部门、地方机构、法官、学者等）对法律规则及其修正案进行解释与适用的方式。

环境污染风险对于保险行业是一种责任风险，因此，法律和政策制定者的选择会极大地影响风险可保性。风险可保性的范围是受到限制的，但如果总体不确定性——无论是事实不确定性，还是法律不确定性，抑或二者都有——变得过大，损失的不可预见性将会妨碍潜在的风险承保人进行有效概率统计，保险就会成为纯粹的赌博。在这种情况下，保险人对待风险的态度就会发生转变，由风险中性转变为风险规避。这一点，无疑将损害甚至整个保险机制的基础。

如上文所述，法律不确定性的水平可以从两个不同的方面体现出来：a）一方面，我们应当考虑该法律体系所规定的环境责任制度的具体特征，b）另一方面，我们应当考察每一个法律共振峰的内在一致性，以及法律体系中不同的关键组成部分的内在一致性。[66]

a）责任体系的特征

就法律不确定性水平的第一个组成部分而言，其立法趋势一般是对环境污染制定严格责任，这对于可保性而言不成问题；与此相反，过失责任标准的使用会对可保性造成问题，因为，过失责任标准在法律解释上反映了该法律体系具有惩罚性特征，这一特征与保险人要进行的责任转移其实不相协调。

可追溯的责任制度一方面与环境责任的一个基本理念不相匹配，这一基本理念是环境责任应当旨在对潜在污染者提供适当激励，另一方面，可追溯的责任制度也违背了保险机制的真正本质。[67]

关于在多个污染者之间进行责任分配的标准，共同连带责任标准可能会产生过度的不确定性，因为风险承保人需要计算的不仅仅是潜在被保险人产生的风险，还要计算其行为处于污染事故的因果关系链条中并最终与被保险人的行为相关联的其他行为者的风险。另外，保险人如果不能够监测或控制这些对象，其还要承担这些潜在责任方不能履行债务的风险。这样的问题将会显著增加保险成本。因此，如果对可保性问题进行认真考虑的话，单独（按比例）责任标准似乎更为恰当。

旨在免除、减轻或倒置因果关系证明责任的规则由于同样的原因也存在问题，对于面源污染的风险与成本的社会分配来说，免除、减轻或倒置因果关系的责任机制也许并不是一个恰当的机制。

在实行直接保护机制的环境责任机制中，要对自然资源损害与/或生物多样性损害进行金钱赔偿，就要对生物多样性的减少与自然资源的损害进行定价，但生物多样性与自然资源却不可能被完全修复到原来状态，因此其定价标准就受到了争议，在这样的法律制度中，法律不确定性的水平会受到这一定价标准的负面影响。上文已经提到过，这些价值具有高度的主观性，并且极其难以确定，其原因在于，一方面，并没有一个完善的、公认的经济学指南对定价进行指导。另一方面，目前看起来，污染场地的清理费用比自然资源损害更加容易得到评估和预测，因为它们依赖于技术性标准与操作。[68]

民事责任体系里的成本补偿活动与公法体系中的行政执法活动会发生潜在的重叠，这一方面会造成混淆不清，另一方面也会增加法律的不确定性。

从这一角度看，最近欧洲议会和欧盟理事会的环境责任指令提案在很多方面存在问题，因为这个指令所采用的一些因素增加了法律的复杂性。例如，虽然该指令覆盖了土地污染，但是根据指令第 2 (18) 条对"环境损害"的定义，指令所覆盖的土地问题仅仅是那些对公众健康产生严重的潜在或事实伤害的污染。并且，指令对于生物多样性损害的概念界定得很宽泛，尽管委员会做了相关努力，责任方所承担的经济责任范围还是远远不够清晰；[69]还有，关于生物多样性损害及其是否可完全投保的问题，指令似乎是基于很多假设在进行规定[70]，但这些假设并不符合保险业的惯例与实际情况。[71]

从更为宏观的视角看，指令要在统一规则和国际上的现行法律体系之间建立起复杂关系，从而形成一般性的法律框架，那么这种一般性法律框架的确定性和可预见性就会出现问题。

如果说环境污染风险的可保性是现代环境立法的重要特征，[72]那么，就应当认真考虑上文提到的那些担忧。事实上，只要环境责任的范围与经济后果（无论是民事的还是行政的）具有高度的不可事前预见性，保险行业将不能评估和管理环境污染风险，从而就不愿意，也不能够提供合理的保险价格。[73]

b）一个复杂分析——关于法律共振峰（legal formants）及其不连贯性

为了考察第二个影响法律不确定性的变化因素，有必要研究特定的法律体系是如何运转的。上文提到的法律共振峰理论是这一层面分析的基础。[74]在每一个法律体系中，对于同一个法律问题，法律条文规定的内容有时候会和法庭判决截然不同，而法庭给出的正式判决又可能会和案件的实际结果不相符合。[75]

例如，在意大利的法律制度中，过失责任原则被 349/86 法令正式规定为处理环境责任案件的标准，但是最近最高上诉法院判决所执行的却反而是严格责任机制，其理由是意大利民法典第 2050 条关于危险行为的严格责任标准仍在适用。[76]可追溯性不是意大利环境责任成文法的正式特征，但是，如果从宪法角度上理解相关规则，最近的一些法庭判决却再次确认了相反的原则。在意大利，最近仅有两起被报道的有关自然资源损害货币化评估的法院判决，[77]这两起判决看上去是完全随机的，而且对于 349/86 第 18 条 comma Ⅵ 里设定的标准在未来如何执行这一问题，这两起判决也没有提供清晰的指引。在美国，由于存在相似的问题，CERCLA 中有关自然资源损害的条款[78]虽然生效，却很少被法院适用。

这些处于法律共振峰之中的不连贯迹象带来的不稳定因素损害了污染保险市场的发展，极大影响了法律不确定性的水平。

7. 现代环境责任保险解决方案

a）通过差异化进行一体化风险管理

如上文所列，环境污染风险在实际上存在很多问题，为了应对这些问题，保险业已经开发了新技术来处理这一特殊现象。

正如本报告第一章指出的，传统保险机制运行的基础可以分为四个阶段：（1）风险评估；（2）风险转移；（3）风险集合；（4）风险分配。保险人在第一阶段进行风险评估的时候往往能够保持置身事外，其仅仅是接受或者拒绝承担某一风险而已。但对现代环境保险而言，专业风险承保人已经拥有相应的知识和技术能力，他们能在一个新的阶段对风险的若干特质进行积极干预，这一新阶段可以称为风险重构，风险重构阶段处于风险转移阶段之前。

目前，污染风险责任几乎被公众责任保险[79]保单完全排除在外，只能以单独合同、以特定场地为基础进行承保。生态保险的现代观念认为，对于需要风险转移的风险，要进行极其谨慎的评估与分类。为此，保险人将通过发放初步调查问卷的方式收集与潜在投保人保费相关的详细历史信息和技术数据。随后，合格的工程师团队会代表保险公司对工业设施开展综合调查。保险人除了要评估安全措施、保护系统和应急计划的充足性，还要评估企业周边区域的某些特征情况，评估时需要考虑以下几个因素，包括：附近人口的规模和密度，建筑物类型，设备和设施的类型，污染承载介质的条件，包括土壤渗透性、地下水位、风向，总体来说，评估要考虑到该地区所有的地质条件、水文条件以及大气条件。

只要风险能够被准确评估，在满足最低安全要求的情况下，风险承保人与潜在投保人将进入一个崭新的阶段并开展合作，以便降低风险并对损失预防策略进行强化。

在这一领域有一个特征起着非常重要的作用，即防止环境破坏应始终是每一生态保单的主要目标之一。[80]即使在市场上存在足够的保单，这些保单可以在事后对于环境责任的威慑和补偿产生一定的影响，但它仍然很容易出现以下情况，即受损害的自然资源是稀缺的，无法替代或被修复。因此，预防损失就成为了重中之重。此外，这里还应当指出的是，事前预防系统在降低总体风险上具有明显优势。[81]

在"风险重构"阶段，保险人与被保险人之间将开展基础性合作，在该阶段之后，保险人将根据投保人需求情况量身定制污染责任保险的保单，风险承保人提供该保单应该是基于长期基础之上的。双方当事人都需要一个长期的合同承诺，这是因为环境污染保险保单是根据新的责任触发机制制定的，比如：

- 索赔制[82]；
- 发生制[83]。

此类触发机制可以有效地在时间上限制保险责任的范围，[84]这样就可以解决上文所述的渐进性污染现象的延迟问题，也可以解决由渐进性污染产生的环境法律责任的长尾特性。[85]此外，一个稳定的关系对于在合作过程中开展互惠投入也是必不可少的。这样，保险人

就可以利用自己的专业知识和技术知识参与到每个客户的风险管理
策略进程中。

在整个合同关系有效期内，风险承保人将密切关注被保险人的
活动，以防止道德风险产生的不利影响。而且，客户在风险防范以
及安全设施上的额外投资其实可以从保险人那里得到回报，回报的
形式是降低年度保险费以及/或提供更广泛的保险责任范围等，这样
就相当于制定和实施了一个灵活的私人性质的监管替代机制
（private surrogate regulation）。[86]

因此，上述内容展现了一个更为宽广的视角，即责任保险人在
很多情况下有条件成为对其客户行为进行有效监管的监管机构。[87]

此外，为了加强与客户之间的联系，除了开展防损咨询以及提
供财务保障之外，最近，多家保险公司还开始为他们的投保客户提
供综合服务，最突出的一项服务为危机管理（crisis management）。
对于那些没有任何及时应对保险事故经验（如，有毒物质释放到环
境中）的投保客户，有效的危机管理服务很受欢迎，危机管理服务
还可以帮助保险公司大幅度降低承保索赔的总成本。

b）通过污染保险联营提高市场能力

如上文所述，风险具有特定的事实特征和法律特征，并且具有
潜在的灾难性后果，目前市场仅具有有限的环境污染风险承保能力。
于是，我们注意到一个有趣的现象，在一些欧洲国家，保险和再保
险公司开展联营，整合保险能力，共同开发新的保险产品，并共享
信息和统计数据。目前正在运作的联营体如下：

- 法国：Assurpol
- 意大利：Pool RC Inquinamento
- 西班牙：Pool Español de Riesgos Medioambientales
- 荷兰：Nederlandse Milieupool

c）根据不同需求制定不同产品

正如前文所述，OECD 国家环境责任的界限正在扩大，他们要求越来越多的责任方承担多种治理责任。因此，从保险角度来看，需要对正确处理污染风险的方法做一些技术区分；尤其是在以下方面进行区分：

- 第一方保险和第三方保险
- 已知污染状况与未知污染状况
- 场地污染与场地外污染

保险公司已渐渐不再使用传统保单和常规工具去评估环境风险，因为传统保单与常规的风险评估工具使他们也许不能提供足额的保障。最近几年，国际环境保险行业开发了几种新类型的保险产品，以满足不同需求，这些新型保险产品考虑到，企业和场地所有者通常不仅必须承担其所拥有的污染场地的清理费用，还要承担其他的由于其经营活动而可能被污染的场地的费用。在这些保险产品中，最重要的保险类型是：

- 环境责任保险（EIL）。此名称下的保险，通常指因被保险人的企业产生污染而对第三方索赔人造成损害的第三方保险，包括风险缓释费用（mitigation cost）。此类保险也被称为污染法律责任保险（PLL），其保单以索赔发生制或事故发生制为基础，通常将主管部门规定的自然资源损害、生物多样性损害与现场清理责任都排除在外。

- 现场清理责任保险（Coverage for on – site cleanup liability）。该类保险承保第一方的环境修复责任，承保现场清理责任风险，其通常将 EIL 排除在外（应当注意，EIL 和 PLL 保单的责任范围有时会扩展到承保第一方的现场清理费用）。

- 清理费用上限保险（棕色地块保险）（Cleanup cost cap policy）。该类保险可以在被保险人由于一项索赔而产生清理费用的情况下进行购买。通常该险种会承保修复费用超支和由于不可预见因素导致的其他费用的增加直至超出自保自留限度的风险，比如未知或未发现的污染、修复技术表现不佳、监管政策变化以及自然灾害等。该险种旨在处理刚开始或持续进行的环境修复项目的风险及其不确定性。

- 承包商污染法律责任保险（Contractors pollution legal liability）。该类保险保障被保险人由于承包经营活动导致污染所遭受的索赔和债务，包括土壤污染和危险废物修复工程。

- 运输保险（Transportation coverage）。该类保险旨在承保危险物质运输过程中可能发生事故的风险。

- 垃圾填埋场环境保险（Environmental coverage for landfills）。为满足垃圾填埋场运营商的特殊需要，目前正在开发一系列综合性的保险产品或金融产品。特别需要注意的是，垃圾填埋场停止运营时，其运营商的责任并不停止。因此，在其关闭和关闭之后的阶段均需要金融保护。[88]

如上所述，一些专业风险承保人提供了将多个不同的风险保障结合到一个定制保单中的可能性，在此方面出现的一个有趣且极具创新的产品就是荷兰 Nederlandse Milieupool 公司提供的环境保险。该项保险产品出现于 1998 年，是一个综合性的环境保险套餐，其中包含几个选项，可以与第一方现场修复责任保险和环境污染损害的第三方直接（非责任险）保险相结合，第三方因此有权向为污染者承保的保险公司直接寻求赔偿。[89]

d）非传统风险转移（ART）或非传统风险融资（ARF）方式

此外，目前多种 ART 或 ARF 产品可以替代保险产品为环境污染风险提供金融管理服务，它们可以根据被保险人的特殊需求进行定制。其中最重要的几项产品包括：

- 自保保险公司（Captive insurance companies）。自保保险公司是为其母公司的风险提供保障而建立的保险公司。自保保险公司的成立有诸多原因，包括获取税收优惠、提高投资回报率——或在某些环境污染风险情况下——缺少其他保险替代方案。当然此种解决方案只适合于大型企业。

- 有限风险产品（Finite risk products）。有限风险转移保险是将与法律责任方（即场地所有者或使用者）污染场地相关的财务责任转移给专业风险承保人的一种机制。保险公司同意承担清理责任，并代表被保险人开展修复工作。该保险是针对规定期间最大范围（上限）内已知和潜在未知的场地状况。

- 赔款责任转移（收购）（Loss portfolis transfers）。赔款责任转移协议（LPT）是指买断保留责任。LPT 将未知的未来责任转变为当前固定价格。根据该险种保单的定义，这种保险将责任进行量化并出售给保险公司，保险公司为未来的付款义务承担责任。LPT 涉及已发生损失的转移，因此其在本质上是具有追溯性的。

在企业兼并、收购和房地产交易过程中，会存在环境责任风险，该环境责任风险在范围和程度上具有不确定性，上述金融工具常常被用来处理这些不确定性。

e）保险行业环境承诺宣言

近年来，保险业人士开始在环境领域发挥积极作用，公开表达他们对 1992 年《里约环境与发展宣言》所确认的可持续发展原则的关切和兴趣，并致力于开展相关工作。

在联合国环境规划署的主持下[90]，1995 年 11 月 23 日，17 家处于行业前列的保险公司在联合国驻日内瓦办事处的仪式上签署了《环境承诺宣言》[91]。目前，来自 26 个国家的 88 家保险公司（再加上 3 家相关成员）加入该项倡议活动，并签署了宣言，参与人数还在不断上升之中。

这份重要文件充分认可了可持续发展[92]的一般性原则，并通过保险业务活动、风险管理策略和损失预防将可持续发展原则转化为对环境保护的义务。[93]

8. 环境风险与保险的激励问题

由于保险行业一贯具有先进与创新的风格，保险似乎成为了能够对环境污染风险责任制度和监管框架进行补充的一个恰当的法律和经济工具。

现代环境保险实际上是要解决，至少要部分解决[94]无力履行判决（无力偿付债务）的问题，这一问题会对所有环境责任制度的有效性造成潜在破坏，同时，现代环境保险还可以通过对定制的安全措施进行激励来完善损失预防。

但是现在，通过经验可以观察到的是，环境保险并未得到普及。保险业通常认为渐进性污染保险成本过高，大多数企业也不会自发决定对环境风险进行保险。

环境保险的成本受到上述新技术复杂性的影响，也会受到风险本身[95]的事实特征和法律不确定性水平的影响。作为一般规则，潜在投保人必须承担现场检查和技术分析的费用，而如果投保人有多处场所的话，则该笔费用可能相当可观。此外，许多公司不愿公开自己的财产，因为多数土壤污染公法均规定，一旦现场检查发现投保人场所中有任何污染，应当立即通知主管部门。

对于多数保险公司在推销环境责任保险以及其他污染保险时所遇到的困难，还有一个解释是，事实上渐进性污染的风险往往是低频高损（LPHC）风险，一般来说，这样的风险并不能被经济活动者理性认识，可能很容易被低估甚至忽略。[96]

即使从纯理性选择理论的角度看，企业的有限责任构造明显对环境责任风险的整体局面造成了扭曲，甚至可能使正确的激励机制发生改变。[97]比如在与污染事件相关的潜在损失等级这一问题上，事实上经常出现的情况是，预期损害的程度会大大超出责任方（即污染者）有限的财务风险水平。

另一个普遍发生的现象是，风险承保人的工程师对企业开展可保性检查，企业获得通过，但却拒绝购买保险，因为潜在投保人认为自己的业务活动足够安全。当然，企业可保这一事实并不意味着它完全安全，不会发生事故。如果现场检查的结果令人满意，这一点只是表明特定设施带来的风险具有可预测性，专业的风险承保人可以根据其风险的可预测性对其进行承保。很多企业都明确表示，他们无论如何也不会购买污染保险，除非他们被强制要求这样做。

9. 强制环境责任保险

继续上述考虑，强制污染保险制度——至少针对于那些对环境特别危险的活动——似乎是恰当的解决方案，但即使持有这样的结论，在实践中也会存在很多问题。

强制保险制度可以是双边或单边的。在前一种情况下，企业有法定义务购买保险以便获准经营，保险公司也有义务根据主管部门预先批准的保险条件为每个申请者提供保险。但是，双边强制污染保险制度与现代环境保险技术的本质并不匹配。如上所述，环境保险是量身定制的，是根据企业场地特点定制的，并不是每家企业都必然具备所有可投保的特征。但是，立法机构所制定的适用于所有投保人的标准条件又会把污染保险拉回到传统的标准化格局中，事实证明，这种标准化格局对于环境责任保险而言极其难以适用。而且，双边强制保险制度在下述情况下可能存在相当大的问题，即某些基于保险合同发生的抗辩（特别是保险除外条款和承保条件，比如合规性等）不能对抗第三方索赔人，保险公司因此将会被迫支付并承担被保险人无力履行债务的风险。

对于单边强制保险，购买污染保险仍是企业获准运营的一个条件，但保险人并不承担任何义务，因此他们可以根据自己的意愿拒绝为任何人提供保险。在这种情况下，现代环境保险对激励机制的促进就能够正常运作，但保险业却被视为环境警察（environmental policeman）而被置于一个尴尬且不恰当的位置上。保险人在事实上就被授予了一项权力，其有权决定哪些公司可以继续开展经营活动而哪些公司应该退出市场。[98]这是主管部门不得不作出的一个政策选择。

在任何情况下都应该仔细对强制保险这一问题深思熟虑，要考虑到市场成熟度和投保风险的同质性。目前开发的产品根据市场的不同而千变万化，现在很难想象在整个欧洲只有一种单一的保险产品。但应该明确的是，一套严格的环境责任制度，如果没有任何财务安全的要求，则很容易沦落到完全无效的地步，这样的环境责任制度在效果上仅仅是导致诉讼和交易成本的增加。

10. 财务安全作为可能的替代方案

保险不是为环境污染风险提供足额财务担保的唯一途径。实际上，还可以利用多种其他金融工具，包括：

- 银行或其他金融机构开具的担保函。
- 个人担保或抵押担保。
- 在环境账户中预付保证金。

因此，为了克服无力履行债务这一问题，可行的途径也许不是去建立一个强制性的环境保险制度，而是可以设定一项提供财务保证的义务，该财务保证义务可以采取任何经主管部门审批的形式。[99]从这一角度看，保险只是多种灵活的财务担保义务中的一种可能路径，而且，这样的制度会在极大程度上激发不同的财务担保形式开展竞争。

11. 责任制度的局限性——历史性污染、扩散性污染及孤儿份额（orphan shares）的赔偿

上文已经指出，通过环境责任制度对污染的风险和成本进行社会分配，这种方式在某些情况下并不适用。具体而言，责任制度不适用于以下情况：

- 历史性污染。
- 责任方与污染之间的因果关系无法确定。
- 授权排放的累积效应。

对属于上述类别的遗留性的污染损害，以及根据责任制度无法确定责任方或责任方无力偿债（孤儿责任）的情况，应设计开发其他赔偿机制。公共权力机构（即国家）可能最终会对这些费用负责，以将任何再分配政策造成的扭曲最小化，或者可以建立和维持某种赔偿基金。[100]

在此方面表现最突出的一个例子是美国根据 1980 年《综合环境反应、赔偿与责任法》建立的超级基金，关于超级基金的运作，其优点和缺点都极为明显。

另一个有趣的例子是 1999 年 1 月 1 日在芬兰生效的新《环境损害保险法》（81 /1998）。该法案成立了一项基金，其目的是，确保在赔偿责任方无力履行债务的情况下，或赔偿责任方无法确定（即1994 年《环境损害法案》的孤儿份额）的情况下，环境损害均获得完全赔偿，其赔偿范围包括为预防或限制损害所采取措施的费用和将环境修复到原来状态的费用。该计划由一项特别保险提供资金，该特别保险对处于环境运营许可证制度监管下的高风险活动是强制性的。

瑞典有一个类似的制度，该制度是基于新《瑞典环境法典》第33 章（环境损害保险和环境清理保险）建立的。从事经许可或公告的环境危险活动的人应当向保险计划支付保险费。如果未能在法定要求期限三十日内支付环境损害保险金或环境清理保险金，保险人有义务将未支付保险费的情况向监管机构报告，监管机构可以发出执行令，不遵守监管机构发出的执行令的，将会受到罚款处罚。根据相关保险条款和条件的规定，环境损害保险在以下情况对索赔人的人身伤害和财产损害支付赔偿金：（1）责任方无力偿债或要求赔偿的权利已失效；（2）导致伤害或损害的责任人无法确定。环境清理保险在以下情况对主管机构要求的所有清理费用支付赔偿金，即根据环境法典所确定的责任人不能支付赔偿的。

12. 政策结论

本章所进行的理论分析和比较性的概述，旨在揭示环境污染风险中最具有问题性的那些特质以及国际保险业最近的创新性做法。本章另外一个目的是指出不同的法律框架可能会影响污染风险的可保性，影响有效风险管理策略的开发。

目前上述这些问题备受关注，因为现代环境保险在以下领域具有潜在的能力对责任与监管进行有效补充：

- 赔偿。事实上生态保险对所有环境责任制度的赔偿功能都会产生影响，在污染发生时为受害方提供可靠的资金来源。

- 私人性质的监管替代机制。为降低污染事件的风险，保险公司可作为私人监管替代机构，把被保险人的利益与最先进的环境安全问题联系在一起。

- 环境成本内部化。环境保险通过支付保费的方式事先将环境成本内部化，经证明，这完全符合责任制度的威慑目标，并且符合污染者付费原则。

为鼓励和刺激污染保险市场的发展和成长，法律和政策制定者应当尽最大努力去约束、限制与界定环境污染责任相关财务风险，使该财务风险具有足够的明确性和可预测性。对环境危险活动的事前监管也起着根本作用，因为公共权力机构应能够保障最新的安全和保护标准得到执行。此外，从预防企业无力偿债的风险这一角度看，在立法上对于提供足够的财务担保责任进行强制，并要求主管机关进行核准，这一方式是非常明智的。如果污染保险能够成为企业符合财务要求的一种竞争方式，则现代环境保险的社会效益便可得到充分重视。对于责任制度范围以外的残留的污染损害，以及在无法确定责任方或财务担保已过期（孤儿责任）的情况，公共权力机构应承担最终责任，建立一个补充性的基于无过错责任原则的环境赔偿计划，确保污染修复具有足够的资金。

注　释

1. 参见：例如：R. Posner, Economic Analysis of Law, 4 th ed.，1992；R. Cooter and T. UlenLaw and Economics, 2 nd ed.，1996；A. M. Polinsky, An Introduction to Law and Economics, 2 nd ed.，1989；D. Barnes and L. Stout, Cases and Materials on Law and Economics, 1992；Trimarchi P.（1961）Rischio e responsabilità oggettiva, Milano：Giuffre。

2. 参见：《里约环境与发展宣言》，1992 年 6 月。

3. 参见：G. Calabresi（1970），The Cost of the accidents, Yale University Press；如果还想从对比角度来看，可以参见：U. Mattel, Tutela Inibitoria e Tutela Risarcitoria, Milano, 1987；Id.，"I Modelli nella tutela dell' ambiente", in Riv. dir. civ. 1985 年, II, 389。

4. 参见：S. Shavell, The judgment Proof Problem, 6 Int. Rev. Law and Econ. 1986, 45 – 58。

5. 参见：M. Trebilcock and R. A. Winter, The Economic of Nuclear Accident Law, 17 Int. Rev. Law and Econ.，1997, 215 – 243；S. Shavell, Liability for Harm versus Regulaiton of Safty, 13 Journal of Legal Studies, 1984, 357；C. Kolstad, T. Ulen, G. V. Johnson , Ex post Liability for Harm vs. ex ante Safety Regulation：Substitutes or Comple-

ments?, 80 American Economic Review, 1990, 888 – 901。

6. Shavell, S. (1980), Strict Liability Versus Negligence, 9 Journal of Legal Studies, 1980, 1。

7. Shavell S. (1987), Economic Analysis of Accident Law, Harvard University Press。

8. "对于在此讨论的过失原则的失灵, 可被视为是一种隐含假设的结果, 即过失行为标准设定只是依据主观上的注意程度。如果客观上的行为水平也考虑在标准设定中, 那么加害人就会确保其行为不造成更大损害。"S. Shavell (1987), Economic Analysis of Accident Law, 25。

9. 参见: Trimarchi, P. (1961)《Rischio e responsabilità oggettiva》, Milano: Giuffre。

10. "若将一个以过错为基础的责任制度适用于环境损害, 从证据角度看, 索赔人会发现自己处于一个无法应对的处境, 其原因与产品责任中的问题不无相同之处, 那些导致损害发生的行为或疏忽在根源上完全处于被告的控制范围之内。所以, 合理的做法是, 将环境损害置于一个不基于过错的责任制度下, 或者, 至少对举证责任进行倒置。"Gerven, Walter van; Lever, Jeremy; Larouche, Piere, Tort Law. Cases, materials and text on national , supranational and international tort law. (Ius commune casebooks for the Common law of Europe) Oxford; Portland: Hart, 2000, 684 – 686。

11. 参见: Clarke, C. (2000), Update comparative legal study, Follow up study commissioned by the European Commission。

12. 参见: e. g. : Pozzo B. (1996), The liability problem in modern environmental statues, 4. ERPL, 111 – 114。

13. 参见: 1980 年美国综合环境反应、赔偿与责任法, 意大利 1986 年 7 月 8 日第 349 号法令, 1983 年瑞士联邦法保护环境法及

1987 年葡萄牙环境法第 18 条。

14. 条件价值评估法是指在调查中直接向人们询问，询问他们为特定的环境服务或资源进行支付的意愿，以及如果放弃特定的环境物品，他们接受多少赔偿金额的意愿。之所以称为"条件"价值，是因为其在一个特定的假设情景下，让人们自己陈述其愿意支付的金额。

15. 这种方法用来评估与生态系统或娱乐场地的相关经济价值，假设该场地的价值可以体现在有多少人愿意为到该场地旅行参观而进行支付。

16. 参见：Spühler, J. (2000), Environmental impairment liability insurance for landfills, Swiss Reinsurance Company, Zurich：Swiss Re Publishing；又见：Spühler, J. (1999), Environmental insurance for enterprises. An insurance concept, Swiss Reinsurance Company, Zurich：Swiss Re Publishing。

17. 这一点将在下文做更加详细地说明，概述近期国际保险市场出现的环境保险的不同类型。

18. CERCLA 已经被《超级基金修订和再授权法案（SARA）》（Superfund A mendments and Reauthorization Act）修订，其修订版本汇编入 42 USC，§§9601 - 9674。

19. 潜在责任方（PRP）可以分为四类：当前所有者和占有者；过去所有者和占有者；有害物质产生者以及任何选择处置场地的有害物质运输者。

20. USC. A §9607 (a)："尽管存在其他法律规则和条款，以下规定仅适用本条款下子条款（b）规定的抗辩：

1）船舶或设施的当前所有者与经营者；

2）危险设施处置时设施的所有者与经营者；

3）通过合同、协议或其他方式，安排本人或他人拥有或占有的有害物质在他方拥有或经营的设施或焚烧船上进行处置、处理的人；

4）接受或曾经接受过危险物质，将其运输至本人选择的用于进行危险废物处置、处理的设施、焚烧船或场地的人。在上述场所中对危险物质进行排放或有排放危险物质的危险，从而导致发生反应费用，应当承担以下责任：

A）由联邦政府、州或印第安部落采取的，不违反国家应急计划的清除、修复行动所产生的所有费用；

B）符合国家应急计划的，有他人导致的必要的反应费用；

C）因自然资源的伤害、破坏或蔑视导致的损害，包括合理的评估费用。

21. 对自然资源损害评估的研究，参见：Thompson （2002），Valuing the Environment：Courts' Struggles with Natural Resources Damages，32 Envtl. L. 57；Cummings，Shultze （1984），Valuing Environmental Goods：A state of the Art Assessment of the Contingent Valuation method，Washington DC；Pozzo（1990），La determinazione del quantum del danno-ambientalenell ´ esperienzagiuridicadeglistatiuniti，2 Quadrimestre，324. Pozzo （1996），"DannoAmbientaleedImputazionedellaResponsabilita – EsperienzeGiuridiche a Confronto"，187－248. 还参见：Ackerman，Heinzerling （2002），Pricing and Priceless：Cost－Benefit Analysis of Environmental Law Review 1998 ；150 U，Pa，L. Rev. 1553；Rutherford，Knetsch and Brown，22 Harvard Environmental Law Review 1998；Johes，Tomasi，Fluke，"Public and private claims in nature resource damage assessments"，20 Harvard Environmental Law Review 1996，111；Binger，Copple，Hoffman，35 Natural Resources Journal 1995，443；Campbell，Baylor Law Review 1993，221。

22. 责任的法定抗辩是：不可抗力、战争行为或与被告无关的第三方的疏忽行为，每一种抗辩的范围在解释上都很狭窄，以至于这些抗辩几乎没有太大效用。

23. 参见：CERCLA § 111, 42 USC. § § 9611。

24. 一些案例显示，污染物排放到环境中这一现象始于 20 世纪 50 年代或 60 年代，且持续了很长一段时间。参见：Abraham, K. S. (1991), Environmental Liability Insurance Law – an analysis of toxic torts and hazards waste insurance coverage issues, Prentice Hall Lawand Business；又见：Monti, A. (1997), DirittoedEconomiadell' Assicurazione, No. 1, 41 – 162。

25. 最初，法院在对 CGL 保单进行解释时，尽管存在明确的除外责任条款，依然把责任强加给保险公司，比如 1973 年的限定性污染除外条款或自有财产除外条款。这些裁决对保险行业的市场信心造成损害，以致很长一段时间，他们几乎放弃了环境保护这个市场。学者在这方面都著有大量著作，参见：Abraham, K. S. (1991), Environmental Liability Insurance Law – an analysisi of toxic torts and hazardous waste insurance coverage issues, 1991 Prentice Hall Lawand Business；I. Sullivan, T. G. Reynolds, W. J. Jr. Wright, "Hazardous waste litigation: Comprehensive General Liability Insurance coverage issues", 494 Practicing Law Institute/Lit, 1994, 267, and the Symposium issue of the 28. Gonzaga law review, 1992 – 1993. 又见：Abraham, K. S. (1981), Judge – made Insurance：Honoring the Reasonable Expectations of the Insured, Virginia Law Review 67：1151 – 1191。

26. 由于那些保单刚刚推出，还无法恰当评估其有效性。据报道，美国法院所处理案例中，在有关新型保单的保险责任范围问题上还没有出现重大争论。

27. 如果可以更多地依靠监管标准的有效执行，保险公司就能够在监控投保企业方面进行较小的投入，但欧洲保险市场体却展现出与此完全不同的特征。参见：J. Spühler, Environmental Liability

Risks：a global view on present problems and their assessing and covering by isurance，Recycle 95 – "Environmental Technology Global Forum and Exposition"，Davos – May 15 – 19，1995；A. Gamboro（ed.），Responsabilitadelleimprese in campo ambientale，Milano，IPA，1997，68ff.，111ff.。

28. 1976 年法案被汇编入 42 USC. §§6901 – 6992k 的《固体废物处置法》。

29. RCRA 的 C 部分。为遵守这些金融要求，TDSFs 经常采用综合金融保险。

30. 对于不受该法案监管的企业在另一个附录中进行列举。

31.《环境责任法》（Umwelthaftungsgesetz）§1. 对环境产生影响的设施的责任："附录 I 列举的实施，对环境产生影响导致死亡、人身伤害、健康损害或财产损害的，设施所有者应当对受害人因之而产生的损害承担赔偿责任。"参考文献：Hager，"Das neueUmwelthaftungsgesetz"，NYW，1991，136. Landsberg and Lülling，Umwelthaftungsgesetz ，Stuttgart，1991；Pozzo B，"La responsabilitàcivile per Danni all'ambiente in Germania"，RIv，DIr，Civ. 1991，I，619；最近的文献参见：M. Hünert，"RechtlicheBewältigung der HaftungfürMassernschädenimDeutschenRecht"，ERPL. 7（4）：459 – 480，1999，尤其在 466 页以后。人身伤害和财产损害的综合责任保险已经纳入《德国民法典》§823，但是在不同的标准下进行适用。

32. 所有在列举范围之内的企业，即使他们还没有开始运营或已停止运营，均受到《环境责任法》监管。

33.《环境责任法》§6. 因果关系推定：1）根据特定案件状况，如果设备可以引起相应损害发生，应推定损害是由该设备造成的。在个案中该设备能够引发损害，应根据其操作流程、所使用的装置和设施、使用和排放物质的种类和浓度、气象条件、损害发生的时间与地点、损害的性质与范围以及与损害发生相关的其他所有因素来确定。2）第一款规定不适用于设备按照预期目标和相关规定运行的情形。该情形是指遵守特定操作义务，且此过程中未发生故障。

34. 参见：Landsberg and Lülling, Umwelthaftungsgesetz , 82。

35. 此外，如果企业正常操作且符合所有监管标准，此种情况下造成的损害，§5 规定，对于损害轻微的情形或者根据当地普遍情况认为不需要进行赔偿的，均不必支付赔偿。《环境责任法》 §5 财产损害责任的限制："如果设备运行符合本法第 6 条第 2 款第 2 项的规定，且财产损害轻微，或者根据当地普遍状况，损害在可以容忍的合理限度内的，不产生财产损害责任。"对于上述情形下的人身伤害，赔偿限额为每人 50000 马克。

36.《环境责任法》 §8. 受害人对设施所有者的信息获取请求权 "1）有任何事实可以证明损害由设备导致的，受害人可以要求设施所有者披露必要信息，以确定该受害人是否可以根据本法规定享有损害求偿权。信息披露限于在用设备、使用或排放物质的种类与浓度，以及设备产生的其他影响，信息披露还包括符合 §6（3）规定的特别操作责任的信息……"

《环境责任法》 §9. 受害人对行政机构的信息获取请求权："如果有任何理由表明设施引起了人身伤害，受害人可以要求发布该设施许可的主管机构、设施监管机构或环境信息收集机构披露必要信息，以确定受害人是否可以根据本法规定享有损害求偿权……"

《环境责任法》 §10. 设施所有者的信息获取权："1）如果设备所有者被依据本法提出赔偿请求，设备所有者可以向受害人、其他设施所有者提出信息请求，或要求查阅文件，也可以请求 §9 规定的行政机构提供必要信息，以确定设备所有者对受害人的赔偿责任范围，或者从其他设备所有者分出的赔偿责任份额的范围……"

37.《环境责任法》§15. 最大责任限额："损害是由单一或同类环境影响物质所致的，每个人死亡、人身伤害或健康损害的个人赔偿总额，其最大限额为 8500 万欧元，财产损害责任亦遵循此限。如果个人的单一或同类环境影响物质的总计赔偿额超过上述最大限额，则单个赔偿金额应根据赔偿总量与最高限额的比例予以削减。"

38. 关于 Huk – Umwelthaft – Modell, 参见：G. Küpper, "Anmerkungen zu dem genehmigten Umwelthaftpflicht – Model und Umwelthaftpflicht – Tarif des Huk – Verbandes", in Die Versicherungs Praxis, February 1993; B. Pozzo, "La responsabilità per Danni all' ambiente in Germania e i connessi problemi di assicurabilità del rischio ambientale：il progetto per una nuova polizza R. C.", in Diritto ed Economia dell' Assicurazione, 1994, 3, 尤其在 23 页以后; W. C. Hoffman, "Environmental Liability and its insurance in Germany", 43 FICC Quaterly 1993, 147; B. Hoffman, "A gradual consideration", in The Review, April 7, 1993; R. Woltereck, "New environmental impairment liability policy introduced into the german market", 5 Int. ILR Case Comment, 1994, p. 202; W. Pfennigstorf, "Germany：the New Model policy and the difficulty of defining compulsory insurance", 8 AIDA pOllution Insurnce Bulletin, May 1994, p. 6。

39. Art. 18 comma I, L. 349/86; "Qualungue fatto doloso o colposo in violazione di disposizioni di legge o di provvedimenti adottati in base a legge che comprometta l' ambiente, ad esso arrecando danno, alterandolo, deteriorandolo o distruggendolo in tutto o in parte, obbliga l' autore del fatto al risarcimento nei confranti dello Stato".

40. 参见：e. g. A. Gamboro, "Il danno ecologico nella recente elaborazione legislative letta alla luce del diritto comparato", in 19 Studi parlamentari e di politica costituzionale, 1986 No. 71, 1 trim. , 73; P.

Trimarchi, "Responsabilità civile per dannoa ll' ambiente: prime riflessioni", in Amministrare, 1987, 189. L. Bigliazzi – Geri, "Quale future per l' art. 18 Legge 8 Luglio 1986, No. 349?", in RivistaCritica del DirittoPrivato, 1987, 685。

41. 参见: A. Gamboro and B. Pozzo, in Consumatore, Ambiente, Concorrenza – Analisi Economica del Diritto cit, 57 ff. 。

42. 一个普遍的观点是,处在困境中的法律系统更倾向于按照既定的次佳路线作出响应。参见: Mattei, U. , (2001) Legal Systems in Distress: HIV – contaminated Blood , Path Dependency and Legal Change, Global Jurist Advances: Vol. 1: No. 2, Article 4. www. bepress. com/gj/advances/vol1/iss2/art4。

43. 但相反,意大利民法典第2055条规定:一般侵权的法律原则是连带共同责任。

44. 与意大利刑法典第133条规定相同。

45. 量化的标准包括: 1) 过错的严重性; 2) 修复费用; 3) 污染者因其不当行为获取的利润。参见: Art. 18 comma VI, L. 349/86: "Il giudice, over non sia possibie una precisa quantificazione del danno, ne deternina l' ammontare in via equitative, tenendo comunque conto della gravità della colpa individuale, del necessario costo del ripristino e del profitto conseguito dal trasgressore in conseguenza del suo comportamento lesivo dei deni ambientali. "

46. 参见: Villa, G. (2002), Il danno all' ambiente nel sistema della responsabilità civile, in Pozzo B. (ed.), La nuova responsabilità civile per danno all' ambiente, Milan: Giuffré, 123 ff. 。

47. Cass, 9 april 1992, No. 4362, Pretore Monza 8 ottobre 1990, Pretore Rho 4 dic. 1990, Cass, pen. 31 luglio 1990, (in Nuova Giur. comm. , 1991, I, 535), Pretore di Rovigo, 4 dic. 1989, Pretoredi

Lecco, 29 sett. 1989, Cass, pen. , 11 gennail 1988, （in Riv. pen, 1989, 515, m. ）, 但是参见：D. Feola, L'art, 181, 349/86 sulla responsabilità civile per il danno all'ambiente：dale ricostruzioni della dottrina alle applicazioni girurisprudenziali, in Quadrimestre, 1992, 547。

48. Pretore di Milano – sez. Distaccata di Rho, June 29, 1989, in Foro it, 1990, II, 526；该判决的注解和评论英文版可见 6 AIDA Pollution Bulletin, July 1991, 7。

49. Tribunale di Venezia, Ufficio del giudice monocratico, Sez. Penale, 27 november 2002, No. 1286, in Rivista giuridica dell'ambiente （No. 1/2003）, 164.

50. 参见：Cass, civ. , sez. III, 3 Februaty 1998, No. 1087, in ForoItaliano, 1998, I, 1142, 案例注解在 Pozzo B. , "La responsabilità della responsabilità civile per danno ambiente：alla ricerca delle ragioni di un ＜obiter＞ della Cassazione", Foro Italiano, 1998, I, 1143。

51. 参见：Cass, civ. , 1 September 1995, No. 9211。

52. 参见：Cons, Stato （Ord. ）, Sez. V. 03/04/2001. No. 2114；T. A. R. Veneto, Sez. , III, 02/02/2002, No. 320；T. A. R. Fruli – V. Giulia, 27/07/2001, No. 488, Foro Amm, 2001。

52. White Paper on Environmental Liability, COM （2000）66 final, Brussels, 9 Bebruary 2001 with a view to the adoption of a Decision of the European Parliament and of the Council laying down the Sixth Community Enviroment Action Programme.

54. 参见：Article 3（8）of the Common position adopted by the Council on 17 September 2000 with a view to the adoption of a Decision of the European Parliament and of the Council laying down the Sixth Community Environment Action Programme。

55. "生物多样性" 是指，79/409/EEC 指令的附录 I 中列出的自然栖息地和自然物种，或 92/43/EEC 指令的附录 I、II 和 IV，或在这些指令中没有涵盖的栖息地和物种，是根据国家相关自然保护法律指定的保护区或保育区。

56. "损害"是指对自然资源产生的可测量的不利变化，和/或可对自然资源服务产生可测量的破坏，可以是指令所覆盖活动的直接破坏或间接破坏。

57. "水"是指包含在 2000/60EC 指令调整的所有的水。

58. "土地污染"或"土壤和下层土壤污染"是指由于人类活动，直接或间接向土壤内、下土层引入物质、药品、生物体或微生物体而对自然资源或人类健康造成危害的情况。

59. "经营者"是指对指令所规定的经营活动进行经营的任何人，包括经营活动许可或授权的持有人、注册人或报告人。

60. 根据指令附录 II，对生物多样性损害与水污染损害的救济，是通过将环境整体性修复到其基线状态来完成的。修复是在原始损害场地或新地点以对受损害的自然资源或服务开展恢复、替换或者获取的方式进行。环境损害的救济，在水污染损害与生物多样性损害上，还意味着，任何对人类健康造成的严重的事实或潜在伤害的风险都应当消除。污染土壤或下土层对人类健康造成严重伤害，或有造成严重伤害的风险时，应当采取必要措施，确保相关污染得到控制、隔离、减少或移除，使污染土壤不会造成当前与未来合理期间内土地用途不相匹配的、对人类健康造成任何严重危害或严重的潜在危害。未来合理期间的土地用途应当根据损害发生时有效的土地使用监管法规进行确定。一旦主管机构对修复方案的合理范围做出修订，则应当至少在考虑以下情形的基础上对待选方案进行评估：

1）每一待选方案在公共健康和安全方面的影响；

2）每一待选方案的实施成本；

3）每一待选方案的成功概率；

4）每一待选方案预防未来损害以及方案实施带来的附属损害的程度；

5）每项选择方案对每项自然资源和/或服务产生效益的程度。

如果多个选择方案会产生同样的价值，那么应选择成本最低的方案。

61. 最后，该提议中的责任制度不应适用于核活动或仅是服务于国家防御的活动，对于事故的责任或赔偿受到以下协议调整的环境损害或环境损害的紧迫威胁，提议中的责任制度也不适用，这些协议为：a）1992 年 11 月 27 日关于油污损害民事责任的国际公约；b）1992 年 11 月 27 日关于国际油污损害赔偿基金的国际公约；c）2001 年 3 月 23 日关于燃油油污损害民事责任的国际公约；d）1996 年 5 月 3 日与海上携带有害和有毒物质相关的损害赔偿责任与赔偿的国际公约；e）1989 年 10 月 10 日有关公路、铁路和内河航运船舶携带危险货物造成损害的民事责任的公约。

62. 参见：上述有关美国和意大利的讨论。

63. 这一特殊的信息不对称的含义，参见 George A. Akerlof 获得诺贝尔奖的研究，"The Market for 'Lemons'：Qualitative Uncertainty and the Market Mechanism"，84 Quaterly Journal of Economics，1970，488 – 500。

64. 参见：S. Shavell，"On Moral Hazard and Insurance"，93 Quaterly Journal of Economics，1979，541 – 562。

65. 参见：Skogh, G. （1998），"Development risks, strict liability and the insurability of industrial hazards"，Geneva Papers on Risk and Insurance，87，247。

66. 法律共振峰的概念是指各种法律主张在解决某一特定法律问题时共同发挥作用。法院判决是法律共振峰，学者著作、宪法规范、监管标准、成文法规定等等也是法律共振峰。因此，法律共振峰在实践意义上就是法律的渊源。参见：R. Sacco，"Legal Formants：A Dynamic Approach to Comparative Law"，39 Am. J. Comp. Law 1991，1 ff.，349 ff.；又见：U. Matteri，Comparative Law and Economics，cit.，104 ff.。

67. 这是得到环境责任指令提议充分认可的（参见：article 19）。

68. 第一方清理责任有限保险责任产品出现在多个国家的保险市场上。参见：Faure, M. G., Grimeaud, D.，（2000）Financial Assurance Issues of Environmental Liability – Report, Follow up study commissioned by the European Commission，181 ff.。

69. "保险人必须能够计算保费，并对包括预防措施在内的条件进行恰当界定。欧洲关于生物多样性损害的知识和经验处于起步阶段，尽管欧洲委员会已经对此作出了一些澄清概念的工作，但目前保险人还不能在近期内提供有关可保性的判断依据，保险人多次强调，他们愿意为推动这个概念的进展作出贡献。（……）为了满足可保性的先决条件，必须建立起责任方所支付赔偿金数额的确定方法。该方法必须是可靠的，并且在欧盟范围内保持一致。提案中所描述的生物多样性损害无法测量，在现有保险方式下不具可保性。目前欧洲和美国都还没有赔偿该类损害的实际经验，一些环境保险联营机构提出的这些概念还处于初步阶段。尽管如此，保险人仍然愿意为实现生态损害的量化作出贡献。参见：ComitéEuropéen des Assurances（CEA）Position paper on Environmental Liability with regard to the prevention and remedying of environmental damage，May 2002。

70. "……生物多样性损害责任是否具有可保性，这一问题颇具争议。社会层面对这一类型的责任知之甚少，有时人们认为其无法被赋值，不具有可保性。基于此背景，欧洲委员会开展了一项研究，主要研究美国的自然资源损害责任问题。自然资源损害这一概念与生物多样性损害类似，在美国，二十多年前，自然资源损害责任与清理成本的责任都已经进行了立法，这是美国成为检验生物多样性损害可保性的良好案例。研究结论表明，对于生物多样性损害可保性问题的担忧是过虑了。该研究（……）提出两个关键论点。首先，在委员会提案中所创设出的责任，包括生物多样性损害，在财务上都是可以得到保障的。其实，自然资源损害责任目前在美国是有财务保障的，而且相关保险市场随着时间逐步进展，没有出现什么问题。因此，我们有理由相信，生物多样性损害在欧盟也会呈现同样的情况……" Proposal for a Directive – Explanatory Memorandum, 7 – 9. 上述研究为：Boyd. , J. （2000），A market – based analysis of financil assurance issues associated with US natural resource damage liability, Follow up study commissioned by the Europena Commission。

71. "提案的解释性备忘录中提供的信息，关于美国的保险制度，从技术上看其大部分是正确的，但招致争议的是委员会基于这些信息得出的结论。这些结论的得出主要是基于海洋损害和更为专业的石油损害的保险信息。根据欧洲保险人联合会（CEA）的观点，该备忘录显然不是基于对美国土地环境损害保险市场的深度分析，因此在某种程度上可以说其有一定的误导性。该指令错误地认为，在欧洲发展其构想中的风险保险制度是很容易的。事实是，过去十年在美国提供环境损害保险的保险公司数量已大大增加，目前每年环境保险市场的保费已超过 10 亿美元。但是，美国提供环境损害保险的保险公司在数量上非常有限，从环境保险的市场规模上看，与非寿险业务相比，全部非寿险业务的保费收入为 4010 亿美元（1999），环境保险的市场规模简直微不足道。" ComitéEuropéen des Assurances（CEA），Position paper on Environmental Liability with regard to the prevention and remedying of environmental damage, May 2002。

72. 欧洲委员会似乎已给予承认。

73. "除了保险数学计算以外，可保性是单个保险人在对多个单独方案进行考虑后进行的复杂决策过程的结果。任何风险可保险的必要前提条件就是保险人必须能够对特定的、合理期间内所支付的索赔金额作出切实可靠的估算。对于保险人来说，长尾环境风险是有问题的。任何将要获得赔偿的伤害、损害或损失，必须是能够依据事前确立的已知标准进行货币化的计算。保险人必须能够对所有损失的可能性和严重性进行估算。这个过程影响到许多保险人的意愿，几乎没有保险人愿意提供保险。" ComitéEuropéen des Assurances (CEA), Position paper on Environmental Liability with regard to the prevention and remedying of environmental damage, May 2002。

74. 对该方法理论基础的讨论，参见：U Matteri, U. and Monti, A. (2001) Comparative Law and Economics. Borrowing and Resistance, Global Jurist Frontiers, Vol. 1: No. 2, Article 5, 2001, www. cepress. com/fj/frontiers/vols/iss2/art5。

75. 在定义与法院执行的可操作性规则之间的鲜明区别，参见：Sacco, cit. 。

76. 参考上注，又见：Villa, G. , (2002), Il danno all'ambiente nel sistema della responsabilità civile, in Pozzo B. (ed.), La nuova responsabilità civile per danno all'ambiente, Milan: Giuffré。

77. Pretore di Milano – sez. Distaccata di Rho, June 29, 1989, in Foro it. , 1990, II, 526；该判决的注解和评论的英文版参见 6 AIDA Pollution Bulletin, July 1991, 7；Tribunale di Venezia, Ufficio del giudice monocratico, Sez. Penale, 27 november 2002, No. 1286, in Rivista giuridica dell'ambiente (No. 1/2003), p. 164。

78. 参见：CERCLA § 107 (1 -4) (C)。

79. 在突发事件和偶然事件上有一些例外情况。

80. 例如：预防原则与污染者赔付原则，是欧洲委员会宣布的国际环境政策的最根本基础。

81. 保险对损失预防提供了激励，并提出损失预防的要求。保险的成本和可用性往往和特定的风险预防措施相关联。应用的要求和持续的监控措施能够提高符合既定安全标准的合规性。参见：Freeman, P. K. and Kunreuther, H. C., （1997），Managing environmental risk through insurance, Boston ［etc］：Kluwer, c1997 （Studies in risk and uncertainty：9）。

82. 在索赔制下，只有索赔人向被保险人提出索赔才触发保险责任。

83. 在发生制下，只有污染情况发生或得到发现才触发保险责任。

84. 可以允许延长报告期，但有一定限度。

85. 参见：Faure, M., Fenn, P., Retro active liability and the insurability of long‐tail risks, International Review of Law and Economics, 1999, 487 – 500。

86. 参见：K. S. Abraham, Environmental Liability and the limits of insurance, cit. 又见：Clifford G. Holdermess, Liability Insurers as Corporate Monitors, 10 Int, Rev. of Law and Econ., 1990, 115 – 129。

87. 参见：例如，Anthony E. Davis, （1996），Professional Liability Insurance as Regulators of Law Practice, LXV Fordham Law Review, 209。

88. 参见：Spühler, J. （2000），Environmental impairment liability insurance for landfills, Swiss Reinsurance Company, Zurich：Swiss Re Publishing。

89. 对该保单的讨论，参见：Faure, M. G., Grimeaud, D., （2000）Financial Assurance Issues of Environmental Liability – Report, Follow up study commissioned by the European Commission, 183ff.。

90. UNEP 一直与银行业和保险业共同合作，提高商业界在环境问题上达到更大程度的共识，鼓励开展有效的环境管理。UNEP 致力于促进可持续发展，以在贸易、发展和环境之间达到平衡。

91. "前言：保险行业注意到，经济发展需要与人类福利与健康的环境相协调。忽略这一点，就会面临社会成本、环境成本以及财务成本增加的风险。保险行业，与政府、个人和机构一起，在管理与降低环境风险方面发挥着重要作用。我们承诺，致力于解决诸如污染削减、资源有效利用，以及气候转变等问题。我们会努力寻求切实可行的、可持续的解决方案。"

92. "1. 可持续发展的一般原则

1.1 可持续发展是指既满足当代人需求也不损害后代人满足其自身需求能力的发展，我们将可持续发展视为完善的商业管理之根本。

1.2 我们相信实现可持续发展的最佳途径是使市场能够在具有成本效益规则与经济手段的合理框架内运作。政府在建立与实施长期的优先领域与价值上应当承担起领导作用。

1.3 我们认为，强大的、积极的保险行业，并与其他经济部门和消费者进行互动，是可持续发展的重要力量。

1.4 我们相信，保险行业现有的能力和技术，可以理解不确定性、识别和量化风险、对风险进行响应，这是解决环境问题的核心力量。

1.5 我们认可风险预防原则，因为有些问题不可能有效量化，也不是所有的影响都能够用金融手段来解决。需要调查研究来降低不确定性，但是不确定性不可能完全被消除。"

93. "2. 环境管理

2.1 我们将在核心领域增强对环境风险的关注。这些核心领域包括风险管理、预防损失、产品设计、处理索赔和资产管理。

2.2　我们致力于在考虑环境保护的情况下对内部运营与有形资产进行管理。

2.3　我们定期对管理实践进行评估，将环境管理方面的发展融入到我们的规划、市场、员工沟通和培训以及其他核心活动中。

2.4　我们鼓励在这些方面和相关问题上进行研究。对环境问题的响应在有效性和成本上差异很大。我们鼓励对有效的、创新的解决方案进行研究。

2.5　保险产品和服务应当通过防止预防及合同条件和条款等措施来促进环境行为进一步完善。在满足安全和利润需求的同时，我们会在资产管理中将环境因素考虑在内。

2.6　我们将开展常规性的内部环境评估，设定可衡量的环境目标和标准。

2.7　我们遵守所有地方性的、国家的与国际的环境法规。除此之外，我们还努力开发和采用最佳环境管理实践。我们也支持我们的客户、合作伙伴和供应商从事此类活动。

3. 公众意识和沟通

3.1　应当致力于与利益相关者，包括客户、中间商、股东、员工和监管人员等分享相关信息，以此来改善社会对环境挑战做出的响应。

3.2　为了创建更有效的可持续发展框架，与公共部门和其他机构开展对话。

3.3　与联合国环境规划署（UNEP）协作，推进本宣言的原则和目标，寻求联合国环境规划署的积极支持。

3.4　鼓励其他保险机构支持本宣言，与其分享经验和知识，推广最佳实践。

3.5　向公众积极宣传我们的环境保护活动，定期评估本宣言的进展。希望所有签约方都能够取得实际进展。”

94. 当然，这取决于保单最高限额。

95. 参见：B. Berliner and J. Spühler，"Insurability issues associated with managing existing hazardous waste sites"，in Interating Insurance and Risk Management for Hazardous waste，edited by Howard Kunreuther and Rajeev Gowda，Kluwer Acadamic Publishers 1990.

96. 参见：Kunreuther and Slovic，"Economics, Psyshology Proctective Behavior"，68 Ameircan Economic Ass'n Proceedings 1978，64；Kunreuther，"Limited Knowledge and Insurance Protetion"，24 Public Policy 1976，227；Camerer and Kunreuther，"Decision Proceses for Low Probability events：Policy Implication"，8 Journal of Policy Analysis and Management 1989，565 - 592.

97. 参见：Hansmann and Kraakman，"Towards Unlimited Shareholder Liability for Corporate Torts"，100 Yale L. J. 1879.

98. "政府的监管规定使保险成为'虚拟的经营许可证'，将保险人转变为监管者。这就改变了政府监管的重点，将保险人变成其客户的监察机构，而不只是服务提供商。"参见：Freeman，P. K. and Kunreuther，H. C.，（1997），Managing environmental risk through insurance，Boston ［etc.］：Kluwer，c1997，（Studies in risk and uncertainty：9）.

99. 更多的探讨可参见：Faure，M. G.，Grimeaud，D.，（2000）Finacial Assurance Issues of Environmental Liability - Report，Follow up study commissioned by the European Commission，188ff..

100. 该问题参见：Faure，M. G.，Grimeaud，D.，（2000）Finacial Assurance Issues of Environmental Liability - Report，Follow up study commissioned by the European Commission，198ff..

第 3 章　自然灾害风险与保险

最后一章主要分析保险在自然灾害风险管理中的作用。作者强调，在应对这些极端风险时，保险人能发挥作用，同时也强调，由于这种极端风险的经济后果十分巨大，并且在风险汇集上存在困难，私营保险解决方案具有局限性。作者对补充性或替代性的风险管理方案进行了概述，这些风险管理方案已在不同的制度背景下得到了检验，同时，还分析了政府与私营部门建立合作关系的重要作用。此外，作者还描述了若干政府灾害计划以及其他制度性安排的主要特点，这些制度性安排主要是为了补充或替代传统的保险机制，并为私营保险的发展提供监管激励。在对非传统风险管理技术进行的概述中，分析了新型金融工具（如巨灾债券或气候衍生品）的进展，这些新型金融工具可以提供额外资金和经济保障，以便应对自然灾害带来的巨大损失。

1. 不断增长的自然灾害损失风险

来自自然灾害的风险日益增加。自然灾害会造成巨大损失，如1992 年佛罗里达州的安德鲁飓风、1994 年加利福尼亚州的北岭地震、1995 年日本神户地震、1999 年土耳其的科贾埃利地震、1999 年欧洲的洛塔尔和马丁飓风、2001 年 1 月 26 日印度的 Bhui Gujarat 地震以及 2001 年美国的阿利森热带风暴等，这些自然灾害均对国际再保险市场的财务能力造成了巨大压力，因此，在过去几年中，巨灾保险的可用性大幅降低。

过去十五年中，自然灾害的实际损失程度及其保险的损失程度不断增加，这已经显著超过保险业的预期。环境灾难造成的损失规模，既取决于大自然力量的破坏性程度，也取决于受灾地区建筑物和基础设施的脆弱性，还有灾害控制、缓释措施计划以及应急策略的有效性。[1]损失与风险估算的增长前所未有，这具有多重原因，不足为奇。其中的原因包括灾难频发地区的新型城市化发展、建筑法规与土地使用监管法规执行乏力、人口密度增加、暴露地区污染物质的浓度值增加以及全球气候变化带来的负面气象影响等，这些因素均加剧了问题的严重性程度。

因此，近年来，大型人口聚居区面临的特大灾难威胁已经彻底改变了保险业面临的环境。现在诸多保险公司和再保险公司均表示，如果继续提供同级别的保险来应对飓风、洪水和地震，将发生破产以及资本或盈余大幅亏损的风险。这些问题的提出是源于保险业在遭受上述严重损失之后对其财务风险进行的资产负债再评估。

2. 自然灾害的财务负担

自然灾害的财务负担极其庞大，保险和再保险业只有在适当的法律和监管框架下才能够处理自然灾害负担中的一大部分。实际上，对于自然灾害风险，保险公司面临着艰巨的挑战。其根本问题涉及传统保险机制在正确处理低频高损（LPHC）事件上的能力，比如自然灾害。如前段所述，目前自然灾害风险的保险和再保险能力是相当有限的。自然灾害风险的财务管理在行业内也是代价昂贵、问题重重，其主要原因如下：

- 预计承保损失程度严重（即发生灾难时索赔总额的大小）；
- 年度保费规模与年度预计损失规模的时间跨度不匹配（inter –

temproal mismatch)。

换言之，应注意自然灾害损失风险与时间和空间相关联，这也就导致了地域和时间上的风险分散问题。

由于同一灾难事件可能会同时导致很多不同的投保财产和基础设施发生损失，从而在一个保险期间内发生巨额的索赔负担，因此，风险累积在初级市场是相当高的。

负向选择也是一个问题，即使从国内市场水平看，负向选择也可能会对保险公司在地域上分散损失风险的能力造成负面影响。[2] 因此，有效的风险分散只能在全球范围内通过一系列国际再保险措施进行[3]。

还有一个问题是自然灾害风险的可预测性水平很低。实际上一直到最近几年之前，有关自然灾害的经济影响一直缺乏可靠的数据和客观信息。各种灾难概率的估算和损失后果程度的估算均具有极大的不确定性。通过技术和计算机对自然危险进行模拟只是在最近才能达到可以明确风险的程度。正如本报告中第 2 章所指出的，个人理性的有限性（受制约性）可能会导致其低估或忽视低频高损（LPHC）风险[4]。因此，即使合理的巨灾保险价格，也往往会让潜在投保人认为其成本太高。

3. 灾害管理中公共部门与私营部门合作的重要性

通过上述分析，很显然，自然灾害风险的财务负担不能完全由私营性质的保险部门承担，但公共部门可以通过积极开展干预来克服可保性方面存在的重大障碍。此外，OECD 国家的总体趋势是政府和私营部门在自然灾害风险管理方面要开展一定程度的合作。

公共机构可通过以下方式在自然灾害风险管理中发挥基础性作用：

- 提供必要的法律框架；

- 对灾害管理计划的行政管理成本进行补贴；
- 对保险受益人的费用进行补贴；
- 成为再保险人的最后支柱。

公共机构作为保险公司的最后支柱，相对于资本和能力有限的私营保险公司而言，能够更好地处理潜在的极端损失；[5]而且政府有权力实施适当的风险缓解措施，还能够开展强制性巨灾保险，从而把风险分散到全社会范围。

反过来，私营保险公司拥有必要的技术专长，能够在以下方面发挥作用：

- 合理的风险评估和风险分配机制；
- 快速的理赔服务；
- 有效的监管替代。

基于风险而制定的保单，其保费收入足以供其自行支付其损失赔偿费用。这一机制使保险成为一个可靠的金融工具，能够管理风险并为风险提供资金保障，因为保险是专门为支付索赔而对其收缴的资金进行储备和投资的。对于自然灾害风险，与政府的事后灾难救助计划相比，基于保险的机制更有可能拥有足够的资金去赔偿损失，因为政府的救助计划还要与其他项目争夺资金，并且会受到政治局面变化的影响。[6]而且，私营保险部门在评估风险和损失理赔方面拥有坚实的实践经验基础，具有巨大优势。有效而快速的理赔也可以产生社会效益。最后，基于风险的保险能够通过第二章介绍的私人监管替代机制为投保人提供额外的风险防范激励。

在经合组织国家，建立政府补贴的灾害管理保险计划是开展公私合作的一个常见例子。

4. 不同法律与监管框架的比较分析

一些法律制度已经开始实施复杂的政府风险管理策略。本章讨论了以保险为基础开展公私合作的若干重大制度安排。本章最后以对比表格对其进行了总结。

• 法国：国家灾难赔偿计划（CAT NAT）及 Caisse Centrale de Reassurance（CCR）。在法国，国家灾难赔偿计划于 1982 年通过法律得到建立。1982 年 7 月 13 日颁布的第 82 – 600 号法令（Loi relative à l'indemnisation des victims de castastrophes naturelles）规定，在自愿市场上购买的所有财产损失保险均强制包括自然灾害扩展保险。[7] 灾害扩展保险的保险责任要在以部际法令形式宣布自然灾害状态之后才能够启动；受到损害的财产必须符合"财产损害"保单的规定，并且在法令宣布的灾害与承保财产遭受损害之间应当具有因果关系。[8] 根据 1982 年 8 月 10 日的一项法令（对标准条款进行界定），灾难保险提供的保障必须能够覆盖保单所载财产遭受的直接财产损害，最高可达到保单中规定的上限，并受到风险首次发生时保单条件和条款的制约。自然灾害保险还扩展到所有的商业中断保险。这样，保险就保障了保单中规定的赔偿期间内总利润损失和额外经营成本。对索赔问题的处理，灾难保险是以保单所规定的"损害"为基础，在最广泛的范围上解决索赔问题，赔偿也是根据基本保单的规定以同样的方式解决。根据该计划的规定，被保险方必须通过法定免赔额保留一部分风险，而且这一免赔额不能通过另一项保险回购。免赔额是强制性的，即使在基本保险不包含免赔额的情况下，也同样适用，免赔额的数额由主管机构定期发布法令进行确定和更新。自 2001 年 1 月 1 日起，该计划推出浮动计算方式来计算免赔额，以此对损失预防措施进行鼓励。这种浮动计算方式适用于尚未对可预见自然风险（PPR）制订预防计划的地区。换句话说，当一个地区由于出现危险状况（如洪水）而宣布为自然灾害状态以后，就会根据该地区已经发布的危险级别，参考自 1995 年 2 月 2 日（PPR 创建日期）以来出现的同等危险等级，为法定免赔额分配一个系数。这种浮动计算方式在该地区建立 PPR 后，将不再适用，但若五年内 PPR 未获批准，则重新适用。关于免赔额，强制灾害扩展保险的附加保险费率是由法令设定的。自 1999 年 9 月 1 日起，机动车以外财产的巨灾保险费率为基本财产责任保险保费的 12%。这一复杂计划之所以能够有效运转，原因在于国营企业 Caisse Centrale de Reassurance (CCR) 与主管机构达成协议，允许 CCR 提供自然灾害领域的再保险，并获得政府担保。CCR 在自然灾害再保险领域并不具有垄断性，因此，原始承保人可根据自己意愿自由选择再保险公司的保险，甚至可以承担不签署再保险的风险。但无论如何，CCR 仍是本行业唯一一家提供整套再保险无限额承保解决方案的公司。当然，这对保险公司来说是一个巨大优势，因为它在发生重大损失事件时为人们提供了绝对的安全，哪怕出现诸如百年一遇的洪水或出现地面下沉这样的地质问题，并引发所有种类损害的情况下，CCR 也为人们提供了绝对的安全。CCR 根据法国自然灾害补偿计划，为被保险人提供偿付能力担保和财务安全保障[9]。CCR 提供两种再保险解决方案，共同为巨灾风险的原始承保人提供双重再保险保障。第一种方案也称为"成数分保"，即保险公司将收缴的保险费分出一定比例给再保险公司，作为交换，再保险公司也承担支付相同比例损失的责任。成数分保再保险要确保再保险人与保险人真正的共命运，因为后者必须把其每个保险账户中一定比例的业务量分割给再保险公司。这样也就避免了逆向选择风险。第二种解决方案也被称为"停止损失"，其责任范围覆盖保险公司在"成数分保"再保险中未分割出去的份额，也就是保险公司的自留额。这是一种非按比例形式的再保险，其与"成数分保"制度不同的是，只有在以自留保险费百分比来表示的年度总损失超过协议值时，再保险公司才进行干预。该类型再保险的特殊之处在于，它使保险公司能够在风险频繁发生或风险累积（即同时出现众多索赔的风险）时保护自己。尽管大多数

"停止损失"再保险条约均包含赔偿限额，但 CCR 因为受益于国家担保，其在自然灾害领域的保险是无限额的，因此，尽管可能会发生许多损失[10]，但 CCR 条约下的免赔额代表了保险公司在一个单一承保年度内能够承担的最高金额。根据保险法规定，授予自然灾害中央评估局（Bureau Central de Taridication des Catastrophes Naturelles）多种监管权力以对 CAT NAT 计划进行监管。例如，第 R 250 - 2 和 R 250 - 3 条款规定了将某些争议事务提交评估局的程序，比如受到至少两家保险公司拒绝提供保险的争议处理以及被保险人未遵守灾难预防计划条款的争议处理等。

● 西班牙：保险赔偿联合会（Consorcio de Compensación de Seguros）。西班牙保险赔偿联合会（Consorcio de Compensación de Seguros）为解决因内战（1936—1939）导致的赔偿需求，作为临时机构[11]成立于 1941 年，并在 1954 年获得永久地位。自此之后，Consorcio 的经营活动主要集中在被称为特殊风险的保险，并开始在相关赔偿体系中发挥核心作用。由于在 1990 年 Consorcio 的法律地位获得批准[12]并于 1991 年生效，Consorcio 失去了在西班牙特殊风险保险中的法律垄断地位，它也不再是经济与财政部自行运作的机构。Consorcio 目前为国有公司，属于公共事业单位，拥有独立运行的权力。Consorcio 有自己的资产和负债，与国家资产和负债分离，其经营活动受到私法监管。这就意味着，这个新公司在开展保险业务时，除了受其自身法律地位约束外，还与其他私营保险公司一样，受到《私营保险规范与监管法案》及其条例的规范，还受到《保险合同法》中法律规则的规范，同时其活动还受到私法管辖。Consorcio 旨在赔偿因特殊事件引起的索赔，比如，发生在西班牙的、引起在西班牙的人的人身和财产损害的自然灾害或其他引起重大社会反响的事件，赔偿需符合以下条件：a）该特殊风险未特别而明确地包含在其他保险保单中；b）该特殊风险被其他保险保单覆盖，但提供保单的保险公司无法履行自身义务。综上所述，目前在西班牙的特殊风险保险体系中，Consorcio 提供的保险是以补充方式进行的，它只在私营保险公司不能够提供风险保障或私营保险虽然提供了风险保障但无力偿债的情况下才支付赔偿。当发生特殊风险保险制度中所谓的特殊事件时，投保人在以下情况下才有权索赔：一方面，持有某些种类的保单，其持有的保单是用于承保位于西班牙的人身和财产损害，并且被保险人持有支付保险费率的最新收据，该费率包含 Consorcio 特殊风险保险的附加保费。另一方面，只要特定类型的保单发出[13]，该投保财产的特殊风险必然会以同等金额承保。也就是说，特殊风险保险是强制性的且与基础保险绑定在一起。投保人可以自由选择与市场上运营的任何公司签订该项基础保险的保险合同，但签订基础保险合同这一事实是在发生特殊索赔事件时获得赔偿权利的一项"必要条件"。在自然灾害保险的赔偿问题上，1986 年进行了修改，原来的赔偿体系是基于受灾地区事先作出的官方声明，并考虑到损失发生地区的地理位置和损失大小。修改后的赔偿体系是自动赔偿（automatic indemnity），其赔偿的前提是保单、损害和导致损失的事件需符合法定参数。同年作出的另一项具有实质性改变的修改是关于如何使用附加费用为 Consorcio 提供资金以应对特殊索赔，附加费不是要收取一定比例的保费，而是利用保费系统自身产生的利率。上述各类保险类别的保费必须强制包含 Consorcio 的附加费，不论保单提供的特殊风险保险是否受私营公司的影响，也不论特殊风险保险是否完全被保单排除在外（在这种情况下，Consorcio 将对赔偿负责）。这种强制特性是基于西班牙制度的"补偿"和"团结"准则，否则将无法处理这些风险的自然逆选择。Consorcio 的附加费用是保单金额的自身利率。对于财产损害，Consorcio 支付的赔偿金只覆盖财产损失（material loss），包括被保财产的破坏或毁损，以及直接损失（因此不包括利润损失），即由事件直接造成的损害。另外还应指出，对特殊风险的保障与保单提供的其他风险保障是完全分开的。换言之，特殊风险保险至少以基础保单的相同保额对同一财产或同一参保人提供保障。Consorcio 承保的特殊风险保险用于履行其风险保障义务的主要资金是上述附加费。与其他任何保险公司一样，Consorcio 在偿付准备金和建立技术储备中要适用最新的规则。此外，由于 Consorcio 所面临的风险在风险频率和风险强度上非常特殊，它需要具备特殊的资金能力，需要对资源进行充足和充分的累积，需要及时进行广泛的赔偿，在这种情况下，Consorcio 采用稳定储备形式。这就有些类似于损失波动准备金，损失波动准备金在许多国家通常适用于灾难的保险保障，它是累积的，有些时候有一定上限，且是免税的。在西班牙保险体系中，这是不存在上限的累积准备金，根据法律规定的限额进行税款减免。但须记住，在实际情况中，累计准备金的目的不是要赔付那些不可预见的差错，而是要接受以偶然形式发生的周期性损失的确定性，还有就是通过长时间稳定的保费为其成本筹资。考虑到这种保险的特殊性质和 Consorcio 作为国有企业的本质特征，为了使其承担各种超出其财务能力的赔偿责任，Consorcio 受到政府担保的支持。然而，充足的准备金使 Consorcio 从来都不需要求助于政府担保，它可自行履行赔偿责任。

• 美国：国家洪水保险计划（NFIP）。1968 年 8 月 1 日，在 1968 年《国家洪水保险法案》通过之后，美国国会建立了 NFIP。来应对纳税人为资助洪水受害人救灾成本的上升问题以及越来越多的由洪水造成的损害。NFIP 使联邦支持的洪水保险能够到达社区，这些社区同意采用和实施泛滥平原管理条例来降低未来的洪水损害。1973 年通过的《洪水灾害保护法》和其他立法措施，对 NFIP 进行了扩展和修订。1994 年《国家洪水保险改革法案》对该计划作了进一步修订，1994 年 9 月 23 日，国家洪水保险计划被签署成为法律。NFIP 受独立联邦政府机构"联邦应急管理局"（FEMA）下属的

"联邦保险和减灾部"（FIMA）和减灾司（MT）管理。[14] NFIP是一项联邦计划，使财产所有者能够参与社区一起购买保险以预防洪水损失。这项保险旨在提供一种灾害援助以外的保险，以应对不断攀升的洪水破坏建筑物及其内部物品的修复成本。NFIP中规定的参与是基于当地社区和联邦政府之间的一项协议，该协议规定，如果社区采用和实施泛滥平原管理条例来减少特殊洪水灾害区（SFHA）内新建筑的未来洪水风险，则联邦政府将为该社区提供洪水保险，作为洪灾损失的财务保障。NFIP计划通过与社区建立合作关系，使保险行业和贷款行业均能对减少洪灾损失提供帮助。NFIP在历史平均损失年度统计中是自给自足的，这就意味着其运营费用和洪水保险索赔并未由纳税人支付，而是通过募集洪水保险保费支付的。

- 加利福尼亚州：加利福尼亚地震局（CEA）。加利福尼亚法律要求所有保险公司为所有房产所有者提供地震保险。为减轻私营保险人的压力，1996年成立了加利福尼亚地震局，该地震局运营一项私人融资、州运营的保险项目，销售"迷你保险"。与传统地震保险相比，迷你保险提供更多免赔额和更多外部结构有限保险，州不提供担保，因此，如果地震损失耗光了成立基金，则CEA可能破产，索赔将按比例进行支付。

- 佛罗里达州：佛罗里达飓风灾害基金（FHCF）。1993年佛罗里达州成立了佛罗里达飓风灾害基金（FHCF），允许保险人转移一部分巨灾风险。对于严重飓风造成的损失，基金将为保险人因严重飓风导致的损失提供一部分追偿资金，该基金的资金来源于那些签署个人和商业住房保单的保险人所支付的附加费。基金对损失进行支付的责任受到一项重要规定的限制，即其支付损失不能超过其资产与负债能力。基金是免税的，这使其能够迅速积累资金。保险公司只负责承担一定程度的损失，他们支付的再保险保费是能够转移给其投保客户的。如果基金存在资金缺口，除了保费外，其还可以使用债券和其他融资手段筹措资金，但投保人必须通过对保单的估价才能负担该融资费用。如果资金不足，索赔将按比例进行支付，因此投保人并不能保证其承保的损失完全被保障。

- 夏威夷：夏威夷飓风救济基金（HHRF）。1993 年夏威夷创建了自愿型房产所有者巨灾基金，基金是为保险公司的客户提供保险公司不愿自发提供的飓风保险。夏威夷飓风救济基金（HHRF）是一家州运营的保险公司，资金来源包括保险保费、联邦政府贷款、债券收益、按揭费用和保险公司向被保险人追征的费用。2000 年底，由于私营市场条件的改善，该基金已经停止经营活动。

- 新西兰：地震委员会（EQC）。地震委员会（EQC）是新西兰住宅房产所有者地震灾害保险的主要提供商[15]。EQC 属于公共机构，完全归新西兰政府所有，并由一个委员会进行管理。公共机构并不是政府部门之一，也不是国有企业，但其隶属于政府并受到公共部门财务和报告规则的管辖。EQC 管理自然灾害基金。政府保障这一基金会履行其所有义务，如保障新西兰住宅房产所有者的灾难损失费用，并在事故发生后帮助安排进行修复和更换。这里的主要机制是，法律规定投保火灾险的房产所有者要购买地震灾害保险，所有从私营保险公司购买火灾险的房产所有者均自动获得 EQCover，即委员会的地震灾害保险[16]，将 EQCover 保费添加到火灾保险成本中，并通过保险公司转嫁给 EQC。EQC 管理自然灾害保险计划的职责范围包括：保险公司缴纳的保费；被保险人索赔的处理及偿还；灾害基金管理；在政府指导下对基金开展投资活动；组织再保险以作为基金的潜在补充；向其股东（政府）报账。EQC 还鼓励对自然灾害损害开展相关研究并提供资助，在防止和减轻自然灾害造成的损失方面开展教育以及其他形式的宣传。

- 日本：日本地震再保险（JER）。自 1966 年开始，日本便已经有了一个承保住宅财产的地震计划，地震保险法于同年生效，该法案自颁布以来进行了多次修订。地震保险法发布后，住宅财产地震保险与自住和商铺所有者综合保险的销售捆绑在一起进行推广，20 家日本国内非人寿保险公司组建了日本地震再保险株式会社（JER）。在日本地震保险计划下，主承保人在自愿市场出售大额度免赔额的地震保险保单，然后，JER 对其 100% 的风险进行再保险，这样，JER 就将一部分风险返回给政府和私营再保险市场[17]。由于保险费用会花费房产所有者较大额度的附加费，并且保险不是强制性的，所以并没有太多人购买地震保险[18]。JER 是日本唯一一家经营住宅地震保险的专业再保险公司，根据相关法律规定，其偿债能力受到日本政府特殊安排的支持。

- 土耳其：土耳其巨灾保险共同体（TCIP）。1999 年马尔马拉和迪兹杰地区发生地震灾害之后，地震保险成为强制性保险，该险种主要针对住宅，通过地震保险计划实施。土耳其政府与世界银行合作，于 2000 年 9 月 27 日启动土耳其巨灾保险共同体（TCIP），地震保险的保费移交给 TCIP，TCIP 受自然灾害保险委员会（土耳其语缩写为 DASK）管理。TCIP 依据政府法令成立，是独立的国有法律实体，有自己的董事会和管理机构，为所有在土耳其注册的民居住宅提供强制性地震保险。土耳其巨灾保险共同体提供具有一定保费限额的地震保险，保费限额的额度根据地震活动、当地土壤条件以及建筑类型与质量进行确定，不同的地区保费有所不同。TCIP 董事会成员包括来自政府、私营部门和学术界的代表。该共同体没有设置公共部门的职员对内部职能进行管理，而是将其管理职能承包给了 Milli 再保险公司，Milli 再保险公司是土耳其最古老的国家再保险公司。地方保险公司成为 TCIP 保单的经销商。超出 TCIP 承保范围的保险可在自愿基础上从私营保险供应商处购买。在签订保单时，除保险公司的承保系统外，共同体的代理商和保险公司还可以利用基于互联网的承保平台，这使 TCIP 能够真正及时地控制其风险累

表 3 - 1　自然灾害风险与保险：不同法律和监管框架下的对比

		承保风险与保险责任触发条件	强制性	公共部门和私营部门的作用	赔偿限额
法国国家灾害赔偿计划（CAT NAT）	1982 年	通常意义上的自然灾害。以内政部法令宣布"自然灾害状况"时保险责任触发。	1982 年 7 月 13 日第 82 - 600 号法令规定，在自愿购买的所有财产损害保单上扩展自然灾害强制保险。	私营保险公司负责提供和管理初级灾难保险，其将作为财产损害保单的扩展。私营保险公司可从国营公司（CCR）处获得全部巨灾再保险。	由于有政府担保，CCR 能够提供无任何限制的巨灾再保险。
西班牙 Consorcio de Compensación de Seguros	1954 年	特殊风险。承保发生在西班牙的、引起在西班牙的人身和财产损害的事件，赔偿需符合以下条件：a）该风险被基础保单承保；b）该风险被保险的保险公司无法履行其义务。	Consorcio 提供的独特风险保险是与基础保险挂钩的强制保险。Consorcio 的附加保费自动包含在基础保单的保费中。	特殊风险保险直接由国营企业 Consorcio 来管理。其赔偿能力由国家担保。	由于国家担保，因此其财务能力不受限制，但保障范围固不包含利润损失。
美国国家洪水保险计划（NFIP）	1968 年	洪水损失。	非强制性。NFIP 为社区个人提供联邦支持的洪水保险，条件是社区采纳并实施泛滥平原管理条例来降低未来的洪水损害。	NFIP 由联邦政府出资。	根据社区的资格水平，NFIP 提供不同限额的保障。

续表

		承保风险与保险责任触发条件	强制性	公共部门和私营部门的作用	赔偿限额
加利福尼亚 加利福尼亚地震局（CEA）	1996 年	地震损失。	加利福尼亚法律规定所有保险公司必须为房主保险保单提供地震保险。	CEA 是一个私人出资、国家运营的保险项目。	国家不提供担保；如果损失超过 CEA 资金，索赔将按照比例进行支付。
佛罗里达 佛罗里达飓风灾害基金（FH-CF）	1993 年	飓风损失。基金为保险人因严重飓风导致的损失提供一部分追偿资金。此处的严重飓风应当是由国家飓风中心宣布的严重飓风。	保险公司有义务为基金提供服务，即为个人和商业住宅财产提供优先保险。	FHCF 是免税的。私营保险公司承担一定限额的损失。	基金对损失进行支付的责任受到一项重要规定的限制，即其支付损失不能超过其资产与负债能力。
夏威夷 夏威夷飓风救济基金（HHRF）	1993 年	飓风损失。	否。	HHRF 是一家国营保险公司。	HHRF 在 2000 年停止运营。

续表

		承保风险与保险责任触发条件	强制性	公共部门和私营部门的作用	赔偿限额
新西兰地震委员会(EQC)自然灾害基金	1994年	自然灾害损失。包括:地震、自然滑坡、火山喷发、热液活动、海啸,以及在居民住地的暴雨洪水。	在私营市场上购买的火灾保险自动包含地震保险。保费附加在基础保单的费用上,由保险公司转移给EQC。	EQC属于政府公共机构,负责对自然灾害保险计划在以下范围内进行政府监管:通过保险公司收缴保险费,处理索赔、管理灾害基金以及组织再保险。	政府对自然灾害基金履行其所有责任进行担保。
日本日本地震再保险(JER)	1966年	地震损失。	非强制性。初级承保人以较为昂贵的价格销售地震保险,并在自愿保险市场对保费进行大幅扣减,然后再再保险由JER进行再保险。	JER是一家私营实体,于1966年通过立法而成立。JER将部分风险转嫁给政府和私营再保险市场。	JER的偿还能力由日本政府支持和安排。
土耳其土耳其巨灾保险共同体(TCIP)	2000年	地震损失。	是,自2000年以来,地震保险成为土耳其所有注册住宅的强制性保险。	TCIP是一家独立的国营法律实体,由董委员会管理。地方保险公司是TCIP的分销商,超出TCIP承保范围的保险可在自愿基础上从私营保险供应商处购买。	每项保险,按当时汇率相当于25000美元。

积，维护承保质量。TCIP 的运作就像一个巨灾风险转移器，它也是一个巨灾风险融资机构。作为全国唯一一家地震风险保险的供应商，TCIP 将提高土耳其对于未来灾难的金融防范能力，减少政府在重大灾难事件上的财政风险，并更好地为受未来事件影响的投保房主提供流动资金。TCIP 的做法效仿了加利福尼亚地震局和新西兰地震委员会计划，后两者也为房主提供类似的地震保险，其风险资本能力主要依靠国际再保险和资本市场。

5. 通过资本市场进行风险分摊

由于国际再保险市场的财务能力趋于紧张，加上巨灾风险在其规模上潜力巨大，最近，保险公司、政府和企业已经开始寻求将这些风险分散到资本市场的途径。就此而言，风险转移方案的发展前景已经大大改观。现在，政府、企业、初级承保人以及全球性的再保险公司均可以选择向资本市场寻求补充性的灾难保障。

由于保险业务具有周期性的特征，在再保险成本非常高昂的情况下，资本市场解决方案可能会变得非常具有吸引力。巨灾证券是一种新的投资选项：通过在一定时期、在特定地理区域内发行特定风险债券的方式，保险人和再保险人将风险转移给投资者从而降低风险。反过来，投资者也把保险相关证券视为一种新的市场开发机会，这一全新的市场额外具有吸引力，这是由于所谓的巨灾债券（cat bonds）在总体上与其他金融工具没有任何关系。投资者——通常是对冲基金或其他大型机构投资者——在灾难发生时，通过对可能在灾难事件中失去本金或利息，或者本金利息二者尽失的债券进行交换来获取高回报率。[19]巨灾债券几乎不涉及信用风险，因为投资者前期投入的资金通过信托基金或投资流动证券被托管在第三方账户中，随时可用。然而，物理性触发巨灾债券[20]会带来另一种不同的风险，这被称为基差风险（basis risk）。与传统再保险不同，实际上此类保险可能不是保险投资组合的完美对冲，只是与因触发事件发生而造成的实际承保损失相关。这样，再保险的信用风险就需要与指数型巨灾债券基础风险相平衡。[21]但目前还没有证据显示，巨灾债券或天气衍生品等非再保险期权的使用得到大幅增长。[22]

由于科学研究、工程分析以及信息技术的进步和发展，这些相对新型的金融产品已经成为可能。与过去相比，现在可以更为准确地预测自然灾害风险和未来灾害的潜在损失，这主要得益于，新的风险评估技术降低了评估特定区域灾难发生概率的不确定性，而最近的工程研究也提供了新的信息，即建筑物和基础设施是如何应对极端环境条件带来的压力的。[23]随着机构投资者对巨灾风险知识的日益增加，巨灾债券有可能增加巨灾风险的可用资金，也有可能改变风险定价。[24]

6. 监管与巨灾保险

监管政策可对灾害风险保险市场的发展产生极大影响，从而影响到灾难保险是否有效并可用。[25]政府政策往往会从低风险到高风险领域强加一些重大的交叉补贴，有时甚至从非巨灾保险行业到巨灾保险行业都会施加交叉补贴。这些政策扭曲了激励机制，削弱了市场力量在管理巨灾风险中进行必要调整和有效运作的能力。

以下因素也会产生重大影响：

- 监管约束。监管活动进一步增加了保险公司遵守监管要求的间接成本。

- 市场进入/退出规则。法律规则规定对某些风险进入/退出市场的能力进行限制，这些规则可能会导致保险公司不愿意承担此种风险。

- 容许 ART 的规则。监管机构必须意识到，当再保险能力不足时，非传统风险转移（ART）机制是至关重要的。

● 金融和财政问题。监测保险公司的偿付能力非常重要，以便对能够在自然灾害中依靠保险作为一种有效的资金机制。经证实，允许灾难储备免税的规则也是极为有益的。

● 索赔实践监管。为确保快速付款，保险公司在保险事件（即自然灾害）发生时的有关理赔规则和程序规则也是至关重要的。

● 反垄断与竞争政策。在某些司法管辖区，旨在提高财务能力并分享数据与信息的巨灾保险共同体，可能被视为不符合现行反垄断和竞争政策。[26]

7. 综合风险管理策略——巨灾债券和保险可与激励机制和其他监管机制联合以减少灾害损失

鉴于上述因素，一个有效的灾害风险管理战略需要综合进行考虑，所有利益相关者要积极参与，这些利益相关者包括：

● 处于风险中的房主和企业；

● 政府；

● 保险人和再保险人；

● 巨灾债券投资者。

因此，以下几点在未来巨灾风险管理策略的发展中非常重要：

● 采取综合性方式[27]；

● 开发科学风险评估技术，旨在促进：

◇ 风险的可预见性；

◇ 预期损失概算；

● 有效实施建筑物风险缓释措施以及使脆弱性降低的措施[28]。

在灾难频发地区实施建筑法规可能会显著减少未来的灾害损失。实施良好的建筑法规会降低损失程度，使保险人能够为财产所有者提供额外保障，并减少从资本市场和国有资产获取再保险和资金的需求，实施良好的建筑法规还能使保险公司降低保险价格。同时，建筑法规的实施成本对当地社区也极为重要。因此，应该对因减少风险所获的利益进行重新分配，将该利益返还给当地社区用于支持环境法规的实施。所以，在设计可行的解决方案时，一定要了解财产所有者、保险人、国家和地方机构之间的相互依存关系，这一点至关重要。严格的监管措施，比如建筑法规，能够规定强制采取成本效益风险缓释措施（RMMs）[29]，从而对保险和其他金融工具形成补充，使其更好地发挥作用。激励措施也是必要的，因为财产所有者往往会低估灾害风险，[30]如前所述，实证研究已经表明，个人和企业在关于自然灾害风险的缓释和保险问题上的决策与理性选择模型并不相符。[31]此外，有效的风险缓释措施可降低其他灾难成本从而产生正外部性效果。

8. 结论

本部分说明了与自然灾害巨灾风险有关的可保性问题，并对若干替代传统保险和再保险机制的经济上的与机构上的解决方案进行了概述。本章还简要讨论了综合性的灾害管理方式如何实施，这一灾害管理方式以保险、预防、风险缓释、赔偿和公私部门的密切合作为基础。在上述风险合作关系中，我们看到国际保险和再保险行业将能够在未来的自然灾害管理中发挥核心作用。

注　释

1. Swiss Reinsurance Company（2002），Natural Catastrophes and man – made disasters in 2001，Swiss Re SIGMA series 1/2002. Zurich，Swiss Reinsurance Company；苏黎世，Kunreuther, H. C. and RJ. Roth（ed.）（1998）；Paying the Price：The Status and Role of Insurance Against Natural Disasters in the United States. Washington DC：Word

Bank; Kunreuther, H. C. (2000); Linking Insurance and Mitigation to Manage Natrual Hazard Disaster Risk, Handbook of Insurance, Georges Dionne (ed.), Kluwer Acadamic Publishers, Boston; Froot, K. A. (ed.) (1999). The Financing of Catastrophe Risk. Chicago, University of Chicago Press.

2. 参见，前文第一张第二节 b。

3. Swiss Reinsurance Company (2002), Natural Catastrophes and man – made disasters in 2001, Swiss Re SIGMA series 1/2002.

4. Camerer and Kunrenther (1989), Decision Precession for Low Probability events: Policy Implications, 8 Jounal of policy Analysis and Management 1989, 565 – 592.

5. Swiss Reinsurance Company (2002), Natural Catastrophes and man – made disasters in 2001, Swiss Re SIGMA series 1/2002.

6. Freeman, P. K. and Kunreuther, H. C. (1997), Managing environmental risk through insurance, Boston [etc.]: Kluwer, c1997, (Studies in risk and uncertainty: 9).

7. 根据第 82 – 600 号法令第一条："Les contrats d'assurance, souscrits par toute personne physique ou morale autre que l'État et garantissant les dommages d'incendie ou tous autres dommages à des biens situés en France, ainsi que les dommages aux corps de véhicules terrestres à moteur, ouvrent droit à la garantie de l'assuré contre les effets des catastrophes naturellessur les biens faisant l'objet de tels contrats. En outré, si l'assuré est covert contre les pertes d'exploitation, cette garantie est étendue aux effets des catastrophes naturelles, dans les conditions prévues au contrat correspondant. Sont condidérés comme les effets des catastrophes naturelles, au sens de la présente loi, les dommages matérlels directs eu pour cause déterminante l'intensité anormale d'un agent naturel, lorsque

les measures habituelles à prendre pour prévenir ces dommages n'ont pu empêcher leur survenance ou n'ont pu être prises.（…）"欲了解目前实行的详细法规条款，参见：Code des Assurance（Partie Législative）Titre II – Chapitre V：L'assurance des risques de catastrophes naturelles（Article L. 125 – 1 to L. 125 – 6）。

8. "立法者不希望通过对承保的自然现象进行列举的方式对1982 年的法律设置限制，也不希望对除外责任进行列举。于是，他们对'不可保损害'的概念（这个概念在之后 1990 年 6 月 25 日和1992 年 7 月 16 日的法规中得到确认）作出了限制。因此，下列事项未被排除在外：洪水和/或泥石流、地震、滑坡、塌陷（如干旱过后因地下水位突然下降造成土地塌陷）、潮汐、水灾、泥浆流或熔岩流、冰崩或雪崩。"Les Catasrtophes naturelles en France. Natural disasters in France, CCR：June 2001。

9. 参见：Les Catasrtophes naturelles en France. Natural disasters in France, CCR：June 2001. 又见：Guy Carpenter and Co. , Inc.（2001）, The World Catastrophe Reinsurance Market：2001.

10. Les catastrophes naturelles en France. Natural disasters in France, CCR：June 2001.

11. 其最初的名称为：Consorcio de Compensación de Riegos de Motín——暴乱风险赔偿联盟。

12. 参见：1990 年第 21 号法规/1990 年 12 月 19 日，被 1995 年第 30 号法规/1995 年 11 月 8 日修订。

13. 关于人身保险：需单独设立意外保险，或作为人寿保险或退休金计划或基金的补充。关于财产保险：火灾和自然灾害、机动车（车辆损害）、有轨车辆的损害、偷盗，玻璃板或机械故障、电子设备和计算机故障，以及对已建成的土建工程的损坏。

14. www. fema. gov/nfip.

15. www. eqc. govt. nz/.

16. EQC 巨灾保险承保的风险包括地震、自然滑坡、火山喷发、热液活动、海啸，以及在居民住地的暴雨洪水。

17. Guy Carpenter and Co. , Inc. （2001），The World Catastrophe Reinsurance Market：2001.

18. Gastel, R. （ed.） （2002），Catastrophes：insurance issues，Insurance Information Institue, III Insurance Issues Update, April 2002 （可在 LEXIS 查阅）.

19. "巨灾债券（cat bond）是一种投资工具，投资者可在不发生巨灾时获取高于市场回报率的回报，但在巨灾发生时也要为保险公司或政府分担损失，牺牲一定的利息或本金。运用巨灾债券或其他资本市场工具，保险人（政府也可以作为保险人）可通过支付资金把巨灾风险转嫁给投资人。"Kunreuther, H. C. , Linnerooth – Bayer, J. （1999），The Finacia Management of Catastrophic Flood Risks in Emerging Economy Countries，paper presented at Global Change and Catastrophic Risk Management, Laxenberg, IIASA, June 6 – 9, 1999.

20. 触发保险的实例如：地震强度和风力等级。

21. "与赔偿合同相反，在赔偿合同中，提供保护的实体（如保险公司）在遭受巨灾损失时可能变得无力偿债，但保险公司在基于指数的巨灾债券中却不会承担任何信用风险，这是因为支付损失的资金已经在保险公司手中。另外，这样的巨灾债券会造成基差风险。基差风险指的是企业遭受的实际损失和从巨灾债券获得的收益之间不完全相关。但是保险公司出售给企业的保险或向再保险人购买的超额损失再保险，其基差风险为零，因为损失与再保险工具提供的赔偿之间具有直接关系。"Kunreuther, H. C. , （2001），Mitigation and Financial Risk Management for Natural Hazards, The Papers on Risk and Insurance, Vol. 26, No. 2 （April 2001）：276 – 295.

22. Guy Carpenter and Co. , Inc. （2001）, The World Catastrophe Reinsurance Market: 2001.

23. Kunreuther, H. C. , Linnerooth – Bayer, J. （1999）, The Financial Management of Catastrophic Flood Risk in Emerging Economy Countries, paper presented at Global Change and Catastrophic Risk Management, Laxenberg, Austria: IIASA, June 6 – 9, 1999.

24. 例如, 2002 年, 瑞士再保险公司收到 2.55 亿美元, 为一系列自然灾害风险提供为期四年的保障。作为交易的一部分, 瑞士再保险公司还与 PIONEER 公司签订了一份财务合同, PIONEER 公司是一家位于开曼群岛的税务豁免公司, 也是 2.55 亿美元证券的发行人。随后, 瑞士再保险资本市场公司, 作为独家承销簿记人, 从机构投资者那里私募证券, 从中所获得的收益完全作为 PIONEER 公司与瑞士再保险公司之间的财务合同作担保, 并将为瑞士再保险在出现任何特殊自然灾难时提供资金补充。来源: 瑞士再保险公司。2001 年, 慕尼黑再保险公司宣布成功私募 3 亿美元风险证券, 这是为美国飓风、加利福尼亚地震和欧洲风暴事件提供从未有过的最大保障, 该风险证券的触发是基于创新的三种风险一揽子参数型触发结构。来源: 慕尼黑再保险。

25. Kunreuther, H. C. and R. J. Roth （ed. ）（1998）; Paying the Price: The Status and Role of Insurance Against Natural Disasters in the United States. Washington DC, Joseph Henry Press, especially at Chapter Eight （authored by Robert Klein）.

26. 例如, 在意大利, 反垄断部门对一项悬而未决的立法提议表示严重关切, 该提议旨在建立一项国家灾害计划, 该计划要在所有火灾保险保单上扩展强制性的灾害保险, 并成立特殊巨灾保险共同体。参见: Decision AS168 of 12/04/1999 in Antitrust bulletin 13 – 14/1999.

27. "基于对城市或地区脆弱性与主要利益相关方决策过程的理解，需要制定降低损失的策略，为未来灾害受害者提供财务保护。该策略通常包括私营部门和公共部门的联合举措，包括保险和新型金融工具，以及实施建筑法规与土地用途监管。这些措施根据现行的制度安排、立法和法律，随国家的不同而有所不同。总之，建筑法规、再保险和指数型巨灾债券，可以共同形成一个有用的策略，为财产所有者、保险公司和投资机构减少损失。该策略的实施，需要公共部门和私营部门协同努力。例如，实施减灾措施需要由经过认证的人员进行核查。银行和金融机构可以在这一过程中发挥作用，使其按揭贷款和相关贷款以这些审计为条件。保险公司可以为采纳这些减灾措施的人提供较低的保费。"Kunreuther, H. C., （2001），Mitigation and Financial Risk Management for Natural Hazards, The Geneva Papers on Risk and Insurance, Vol. 26, No. 2 （April 2001）276 – 295.

28. "为确定城市或地区脆弱性程度，人们需要知道每个结构（例如：住宅的、商业的、公共部门的）和基础设施的设计，具体的减灾措施是否已到位或可以采用，以及他们处于危险地段的位置（例如：距地震断层线的距离或飓风地区与海岸的距离）和其他危险因素。评估城市或地区在自然灾害中脆弱性的因素包括风险评估和社会条件。理想情况下，风险评估能够确定不同强度或幅度的事件发生的概率，以及这些事件对利益相关方所造成的直接和间接影响。社会条件包括人们的居住模式、建筑环境、日常活动以及应对自然灾害的机构建设。"Kunreuther, H. C., （2001），Mitigation and Financial Risk Management for Natural Hazards, The Geneva Papers on Risk and Insurance, Vol. 26, No. 2 （April 2001）276 – 295.

29. "建筑法规强制要求房产所有者采纳减灾措施。当房产所有者因为不了解采纳这些措施所带来的利益，和/或低估了灾害发生的

概率，而不采纳具有成本效益的 RMM 时，此类法规能发挥作用。如
果由于房产遭受损害，一个家庭被迫从其房产中搬走，假设建筑规
范已到位的话，这种损害是可以预防的，公共部门从社会化角度进
行成本效益评估时，需要将这一额外的损害费用考虑进去。若干主
要利益相关方可以实施建筑法规。银行和金融机构可以在发行抵押
贷款之前，要求对房产进行核查，以确定其是否符合建筑法规的要
求，对于符合法规要求的才批准抵押贷款。同样，保险公司可以只
对那些符合建筑法规要求的建筑物提供有限承保。检查建筑是否符
合法规，然后再给予批准，这为房产所有者提供了房产状况的准确
信息。同时这也给其他人传递一个信息，即该房产的结构是可以防
止灾害的。如果潜在房产购买者在购买房产考虑到地震风险，那么
这些新信息则可以转化为更高的财产价值。" Kunreuther，H. C. ，
（2001），Mitigation and Financial Risk Management for Natural Hazards，
The Geneva Papers on Risk and Insurance，Vol. 26，No. 2（April 2001）
276 - 295.

30. 鼓励消费者采取缓释措施的另外一种方式是，改变保险承保
责任的性质，而不是降低保险费率。更具体地说，与那些不在风险
缓释方面进行投入的客户相比，保险公司可以以同等或更低的价格
为那些采取了风险缓释措施的投保人提供较低的免赔额。这种方式
可能非常有吸引力，因为经验和试验上的证据表明，消费者并不喜
欢免赔额，即使他们提出要在保费方面进行大幅度的节约。" Kun-
reuther，H. C. ，（2000），Insurance as a Cornerstone for Pbulic - Pri-
vate Sector Partnerships，Nat. Hazards Rev. ，1，126 - 136.

31. Camerer and Kunreuther，"Decision Processes for Low Probabil-
ity events：Policy Implications"，8 Journal of Policy Analysis and Man-
agement 1989，565 - 592.

参 考 文 献

Abraham, K. S. (1986), Distributing Risk: Insurance, Legal Theory and Public Policy, New Haven: Yale University Press.

Abraham, K. S. (1986), Environmental Liability and The Limits of Insurance, 88 Columbia L. Rev. 942.

Abraham, K. S. (1991), Environmental Liability Insurance Law – an analysis of toxic torts and hazardous waste insurance coverage issues, Prentice Hall Law and Business.

Andersen T. , Masci P. (2001), Economic Exposures to Natural Disasters. Public Policy and Alternative Risk, Management Approaches, "Infrastructure and Financial Mkets Review", Vol. 7 No. 4, Dec. 2001.

Arrow, K. J. (1992) . "Insurance, Risk and Resource Allocation" . Foundations of Insurance Economics: Readings in Economic and Finance, G, Dionne and S. E. Harrington. Boston, Kluwer academic Publishers.

Berliner, B. (1982), Limits of Insurability of Risks, Englewood Cliffs, NJ, Prentice – Hall, Inc.

Berliner, B. , Spuhler, J. (1990) . Insurability issues associated with managing existing hazardous waste sites, in "Integrating Insurance and Risk Management for Hazardous Waste", edited by Howard Kunreuther and Rajeev Gowda, Kluwer Academic Publishers.

Boyd, J. (2000), Amarket – based analysis of financial assurance issues associated with US natural resource damage liability, Follow up study commissioned by the European Connission.

Calabresi Guido (1970), The cost of the accidents, New Haven: Yale University Press.

Camerer, C. F. and Kunreuther, H. C. (1989), "Decision Processes for Low Probalility Events: Policy Implications", Journal of Policy Analysis and Management 8 (1989), 565 – 592.

Croson, D, and Kuneruther, H. C. (2000), "Customizing Indemnity Contracts and Indexed Cat Bonds for Natural Hazard Risks", Journal of Risk and Finance, Volume 1, Spring 2000.

Faure, M. G, (ed.). Deterrence, Insurability and Comensation in Environmental Liability Future Developments in the European Union. Springer Wien NewYork, 2003.

Faure, M. G. , Grimeaud, D. (2000), Financial Assurance Issues of Environmental Liability – Report, Follow up study commissioned by the European Commission.

Faure, M. G. , Hartlief, T, (1996), Compensation Funds versus Liability and Insurance for Remedying Environmental Damage, Review of European Community and International Environmental Law, Volume 5, Issue 4, 321 – 327.

Faure, M. G. , The Limits to Insurability from a Law and Economics Perspective Geneva Papers on Risk and Insurance, 1995, 454 – 462.

Freemen, P, K. and Kunreuther, H. C. (1997), Managing environmental risk through insurance, Boston [etc.]: Kluwer, C. 1997 (Studies in risk and uncertainty: 9) .

Froot, K, A. (ed.) (1999), The Financing of Catasrtope Risk.

Chicago. University of Chicago Press.

Gastel, R. (ed.) (2002), Catastrophes: insurance issues, Insurance Information Institute, III Insurance Issues Update, April 2002 (available in LEXIS) .

Gulkan, P. (2001), Rebuilding the Sea of Marmara Region: Recent Structural Revisions in Turkey to Mitigate Disasters, Issues Paper for EERI Annual Meeting Session on Changes in dealing with Risk in the International Arena February 7 – 10, 2001 Monterey. CA.

Gay Carpenter and Co. , Inc, (2002), The World Catastrophe Reinsurance Market: 2002.

Hansmann H. and Kraakman R. (1991), Towards Unlimited Shareholder Liability for Corporate Torts, 100 Yale L. J. 1879.

Kleindorfer, P. R. and Kunreuther, H. C. (1999), Challenges Facing the Insurance Industry in Managing Catastrophic Risks. In Froot, K. A. (ed.) The Financing of Catastrophe Risk Chicasgo, University of Chicago Press: 149 – 189.

Keeman, Niels S. J. (ed.) (1999), Environmental Law in Europe, Kluwer Law International.

Konreuther, H. C. (1996), Mitigating disaster losses through insurance, Joumal of Risk and Uncertainty, 12: 171 – 187.

Konreuther, H. C. (2000), Insurance as a Cornerstone for Public – Private Sector Partnerships, Nat. Hazards Rev. , 1, 126 – 136.

Konreuther, H. C. (2000), Linking Insurance and Mitigation to Manage Natural Hazard Disaster Risk, Handbook of Insurance, Georges Dionne (ed.), Kluwer Academic Publishers, Boston.

Konreuther, H. C. (2001), Mitigation and Financial Risk Management for Natural Hazards, The Geneva Papers on Risk and Insurance,

Vol. 26, No. 2 (April 2001) 276 -295.

Konreuther, H. C. and R. J. Roth (ed.) (1998), Paying the Price: The status and Role of Insurance Against Natural Disasters in the United States. Washington DC, Joseph Henry Press.

Konreuther, H. C. , Linnerooth - Bayer, J. (1999), The Financial Management of Catastrophic Flood Risks in Emerging Economy Countries, paper presented at Clobal Change and Catastrophic Risk Management, Laxenberg, Austria: IIASA, June 6 - 9, 1999.

Lewis, C. M. and Murdock, K. C. (1999) . "Alternative Means of Redistributing Catastrophic Riskin a National Risk - Management System, " in Froot, K. A. (ed.) The Financing of Catastrophe Risk, Chicago. National Bureau of Economic Research: 51 - 85.

Mattei, U (1997), Comparative Law and Economics. Ann Arbor: Michigan Univ. Press.

Mattei, U and Monti, A (2001), Comparative Law and Economics. Borrowing and Resistance Global Jurist Frontiers, Vol. 1, No. 2, Article 5. 2001. Berkeley Electronic Press: www. bepress. com/gj/frontiers/vol1/iss2/art5.

Meyet, P. et al (1997) . Tropical Cyclones, Zurich, Swiss Rein-surance Company.

Merth. D (1990), Institutions, Institutional Change and Economic Performance, Cambridge University Press.

Pollner, J. (2000), Catastrophe Risk Management Using Alternative Risk Financing and Insurance Pooling Mechanisms: The Insurance Market and the Case of the Caribbean Region. Washington DC: World Bank.

Pozzo B. (1986), The Liability Problem in Modern Environmental Statutes, 4 ERPL 1996, 111 - 114.

Priest, G. L. (1996), The Government, the Market, and the Problem of Catastrophic Loss, Journal of Risk and Uncertainty, 12 (Number 2/3): 219 - 237.

Sacco, R. (1991), Legal Formants: A Dynamic Approach to Comparative Law, 39 Am. J. Comp. Law 1991, 1 ff., 349 ff.

Sen, A. (1999), Development as Freedom, New York, Alfred A. Knopf.

Shavell, S. (1980), Strict Liability Versus Negligence, 9 Journal of Legal Studies 1980, 1.

Shavell, S. (1984), Liabilityfor Harm versus Regulation of Safety, 13 Journal of Legal Studies 1984, 357 ff.

Shavell, S. (1986), The Judgement Proof Problem, 6 Int. Rev. Law and Econ., 1986, 45 - 58.

Shavell, S. (1987), Economic Analysis of Accident Law, Harvard University Press.

Skogh, G. (1998), Development Risk, strict liability and the insurability of industrial hazards, Geneva Papers on Risk and Insurance, 87, 247.

Skogh, G. (1989), The transactions cost theory of insurance: contracting impediments and costs, Journal of Risk and Insurance, 726 - 732.

Spühler, J. (1999), Environmental insurance for enterprises. An insurance concept, Swiss Reinsurance Company, Zurich: Swiss Re Publishing.

Swiss Reinsurance Company (2002), Natural Catastrophes and man - made disasters in 2001, Swiss Re SIGMA series 1/2002. Zurich, Swiss Reinsurance Company.

Swiss Reinsurance Company (2003), Natural Catastrophes and man
- made disasters in 2002, Swiss Re SIGMA series 2/2003. Zurich, Swiss
Reinsurance Company.

Pozzo B. (1996), The Liability Problem in Modern Environmental
Statutes, 4. ERPL 1996, 111 - 144.

Priest, G. L. (1996), The Government, the Market, and the Prob-
lem of Catastrophic Loss, Journal of Risk and Uncertainty, 12 (Number
2/3): 219 -237.

Sacco, R. (1991), Legal Formants: A Dynamic Approach to Comp-
erative Law, 39 Am J. Comp, Law 1991, 1 ff, 349 ff.

Sen, A. (1999), Development as Freedom, New York, Alfred A.
Knopf.

Shavell. S. (1980) . Strict Liability Versus Negligence, 9 Journal
of Legal Studies 1980, 1.

Shavell, S. (1984), Liability for Harm versus Regulation of Safety,
13 Journal of Legal Studies 1984, 357 ff.

Shavell, S. (1986), The Judgment Proof Problem, 6 Int. Rev Law
and Econ. , 1986, 45 -58.

Shavell, S. (1987) . Economic Analysis of Accident Law, Harvard
University Press.

Skogh, G (1998), Development risks, strict liability and the insura-
bility of industrlal hazards, Geneva Papers on Risk and Insurance,
87, 247.

Skogh, G. (1989), The transactions cost theory of insurance: con-
tracting impediments and costs, Journal of Risk and Insurance,
726 -732.

Spuhler, J. (1999), Environmental insurance for enterprises. An insurance concept, Swiss Reinsurance Company, Zurich: Swiss Re Publishing.

Swiss Reinsurance Company (2002), Natural Catastrophes and man – made disasters in 2001, Swiss Re SIGMA series 1/2002. Zurich, Swiss Reinsurance Company.

Swiss Peinsurance Company (2003), Natural Catastrophes and man – made disasters in 2002, Swiss Re SIGMA series 2/2003. Zurich, Swiss Reinsurance Company.